守護霊インタビュー

瀬戸内寂聴を霊査する

「煩悩の闇」か、それとも「長寿社会の理想」か

大川隆法

RYUHO OKAWA

本霊言は、2014年3月8日、幸福の科学総合本部にて、
質問者との対話形式で公開収録された（写真上・下）。

まえがき

霊査してみて、思った通りの人だった。想像以上でもなく、想像以下でもなかった。

九十歳以上まで生きて、長寿社会の理想になれる立場にありながら、実はいまだに愛欲の海で溺《おぼ》れ続けている。仏からの救いの命綱《いのちづな》が「有名になること」であり、「自己顕示欲《じこけんじよく》」でもあろう。

私自身は、中国の釈迦《しゃか》とまで言われた天台大師《てんだいだいし》の教えには一定の敬意も尊敬も、関心も持っている。その「一念三千《いちねんさんぜん》」の世界には、悟りを開いた者特有のリアリティがある。「法華経思想」の中の「一乗思想《いちじょうしそう》」には、凡人に悟りへの勇気を奮い起こさせる何かがある。だが日本天台宗には、ゆとり教育と同じく、「みんなが百点を取れるようになる」といった、だましと堕落《だらく》のテクニックがある。蓮の花は、泥池からスクッと咲いてこそ尊いのだ。泥そのものに尊さがあるわけではない。

二〇一四年　四月二十二日

幸福《こうふく》の科学《かがく》グループ創始者兼総裁《そうししゃけんそうさい》　大川隆法《おおかわりゅうほう》

「煩悩の闇」か、それとも「長寿社会の理想」か　瀬戸内寂聴を霊査する　目次

「煩悩《ぼんのう》の闇《やみ》」か、それとも「長寿《ちょうじゅ》社会の理想」か
瀬戸内寂聴《せとうちじゃくちょう》を霊査《れいさ》する

二〇一四年三月八日　収録
東京都・幸福の科学総合本部にて

8　寂聴版『源氏物語《げんじものがたり》』もノーベル賞狙《ねら》い？　149

「霊言現象《れいげん》」とは、あの世の霊存在の言葉を語り下ろす現象のことをいう。これは高度な悟《さと》りを開いた者に特有のものであり、「霊媒現象《れいばい》」（トランス状態になって意識を失い、霊が一方的にしゃべる現象）とは異なる。外国人霊の霊言の場合には、霊言現象を行う者の言語中枢《ちゅうすう》から、必要な言葉を選び出し、日本語で語ることも可能である。

また、人間の魂《たましい》は原則として六人のグループからなり、あの世に残っている「魂の兄弟」の一人が守護霊《しゅごれい》を務めている。つまり、守護霊は、実は自分自身の魂の一部である。したがって、「守護霊の霊言」とは、いわば本人の潜在《せんざい》意識にアクセスしたものであり、その内容は、その人が潜在意識で考えていること（本心）と考えてよい。

なお、「霊言」は、あくまでも霊人の意見であり、幸福の科学グループとしての見解と矛盾《むじゅん》する内容を含《ふく》む場合がある点、付記しておきたい。

「煩悩《ぼんのう》の闇《やみ》」か、それとも「長寿《ちょうじゅ》社会の理想」か
瀬戸内寂聴《せとうちじゃくちょう》を霊査《れいさ》する

二〇一四年三月八日　収録
東京都・幸福の科学総合本部にて

瀬戸内寂聴《せとうちじゃくちょう》（一九二二〜）

小説家。日本天台宗《てんだいしゅう》の尼僧《にそう》（旧名・晴美《はるみ》）。徳島県出身。東京女子大学卒業。一九五六年、同人誌「文學者《ぶんがくしゃ》」に処女作を発表。文筆活動に入るが、過激な性表現は常に批判の的となる。一九七三年、中尊寺で今東光《こんとうこう》を師僧として出家得度《しゅっけとくど》した。岩手県天台寺住職となり、週末に「あおぞら説法《せっぽう》」を行う。二〇〇六年、文化勲章《くんしょう》を受章。代表作は、自らの不倫《ふりん》体験を綴《つづ》って女流文学賞を受賞した『夏の終《おわ》り』、谷崎潤一郎《たにざきじゅんいちろう》賞受賞作『花に問え』、『源氏《げんじ》物語』の現代語訳等。また、さまざまな社会活動を行うが、反原発運動には生涯《しょうがい》関わっていくと公言している。

質問者　※質問順

里村英一《さとむらえいいち》（幸福の科学専務理事〔広報・マーケティング企画《きかく》担当〕）

斎藤哲秀《さいとうてっしゅう》（幸福の科学編集系統括《とうかつ》担当専務理事）

天雲菜穂《てんくもなお》（幸福の科学第一編集局長）

［役職は収録時点のもの］

1 日本天台宗《てんだいしゅう》の広告塔《とう》、瀬戸内寂聴《せとうちじゃくちょう》氏守護霊《しゅごれい》に訊《き》く

九十代でなお「脱《だつ》原発運動」に参加する寂聴《じゃくちょう》氏

大川隆法　昨年、日本天台宗《てんだいしゅう》の回峰行者《かいほうぎょうじゃ》である酒井雄哉《さかいゆうさい》という阿闍梨《あじゃり》の霊言を収録したときに、瀬戸内寂聴《せとうちじゃくちょう》さんの名前も少し出てきていたのですが（『酒井雄哉 日本天台宗大阿闍梨に引導《いんどう》を渡《わた》す』〔幸福の科学出版刊〕参照）、この二人が日本天台宗の二大広告塔《とう》だと思われるので、気にはなっていました。

ただ、現在、九十一歳《さい》と、高齢《こうれい》であるので、「しばらく〝お待ち〟して、ご本人様の意見を聞いたほうがいいのかな」と思って、様子を見てはいたのです。

ところが、いまだお元気で、先の都知事選（二〇一四年二月）では、「原発の即時《そくじ》停止」を掲《かか》げた元首相・細川護熙《ほそかわもりひろ》候補の応援《おうえん》をするなど、〝生々《なまなま》しい〟ところがおありなので、

あの世にはそう簡単に行かれない可能性も高く、このあたりでひとつ、調査を入れてみてもよいでしょう。

宗教ジャーナリズムとして、「『ソクラテス的問答方式』で真実を明らかにする」という方法によって、真実に迫《せま》ってみたいと思っています。

瀬戸内寂聴さんは、私と同じく徳島県出身の方であり、本来、あまり悪いようには取り上げたくない気持ちもあることは確かです。

当会の聖地・四国本部の近所に瀬戸内商店という仏具《ぶつぐ》関係の店があったと思いますが、そこの娘《むすめ》として、お生まれになった方です。そういう店に生まれたので、出家《しゅっけ》したのにも、多少、意味があるのかもしれません。

同郷の作家・中川静子《なかがわしずこ》が語っていた「瀬戸内寂聴の人物像」

大川隆法　さて、この方の小説について述べると、昭和三十年代に書かれた、最初のころの小説が、「ややポルノっぽい」ということで批判されていました。

ちなみに、以前にも述べたことがありますが、私の伯母《おば》である故・中川静子《なかがわしずこ》（『「文《ぶん》春《しゅん》」に未来はあるのか』〔幸福の科学出版刊〕参照）も徳島の作家であり、寂聴さんの実像を知っていたようです。

伯母は、二回ほど直木《なおき》賞候補になったことがあり、そこで候補に挙《あ》がったという意味では、地元のほかの作家よりも頭一つ抜《ぬ》けていた人ではあります。

伯母は、東京に出てきて、ホテルに缶詰《かんづめ》となり、中央文壇《ぶんだん》でも書いていたことがありますが、東京の文芸雑誌等の方針はいわゆる、商業ジャーナリズムであったため、『「とにかく売れたらいい」』ということで、何でも書かせる感じが、どうも嫌《いや》だ」と思ったらしく、やがて東京と決別し、徳島に帰ってきて、地方作家になりました。

その後、徳島新聞等で連載《れんさい》しながら、藍染《あいぞめ》など、郷土の歴史について調べ、実証的に書くような、大して売れない小説のほうに入っていった方です。

一方、寂聴さんは、伯母よりも三歳年下で、私の父より一歳下になります。

けっこう目立つのが好きなタイプの方のようで、生前の伯母も、話をしたことが何度もあるそうですが、「とにかく、ギラギラした自己顕示《けんじ》欲を感じる」というようなことを伯母はよく言っていました。

例えば、寂聴さんがテレビなどに出ても、「やたらとカメラへの目線があって、カーカーカーと見ているのが嫌だ」と言っていました。

また、寂聴さんは五十代で出家していますけれども、そのころは、まだ伯母も生きておりましたので、「どうも、本心から仏道《ぶつどう》を目指して出家したとは思えない。やはり、どうしてもスタンドプレーに見えるし、『目立つから』と、話題づくりで出家したように見えて、嫌な感じがする」というようなことは言っていたのです。

寂聴氏の活躍《かつやく》は「長寿《ちょうじゅ》社会のシンボル」か「この世への未練《みれん》」か

大川隆法　出家した結果、宗教ものばかり書くのであれば、それなりに意味はあるのでしょうし、そういうものも書いてはいますけれども、関係ないものもたくさん書いたり、後半には、〝長編ポルノ〟の『源氏《げんじ》物語』の現代語訳をしたりして、まだまだ、この世にいろいろと未練《みれん》が多そうではあります。

それから、目立つところには、あちこち出てきて活動しておられるようですが、それを、「長寿《ちょうじゅ》社会のシンボルとして活躍《かつやく》している女性の姿」と見てよいのか、それとも、「いまだに煩悩《ぼんのう》を断《た》ち切れず、成仏《じょうぶつ》し切れていない方であり、生きながらにして、生身解脱《しょうしんげだつ》をしていただく必要がある」と見たほうがよいのか、このあたりに、ひとつ、調査のメスを入れてみたいのです。

「後始末《あとしまつ》」という言葉を使うとよくないかもしれませんが、酒井阿闍梨●のように、亡《な》くなられたあとで、〝お相手〟をするのは面倒《めんどう》くさいので、少し早めに、釘《くぎ》を一本打っておいてもよいかと思います。

寂聴さんに対するマスコミの取り扱《あつか》い自体は、非常に「甘《あま》い」感じを受けます。基本的には、非常に好意的にしか扱っていないのではないでしょうか。

ただ、ある意味で、宗教のシンボル的な広告塔として活動している面があるので、テレビや新聞等で、あまり大々的に扱うのはフェアではないような気がするのですが、

●酒井阿闍梨の霊言収録　2013年9月23日、87歳で逝去したが、死後、約2カ月間、不成仏の状態が続いていたため、同11月30日、幸福の科学総合本部に招霊し、公開霊言。生前の生き方について振り返りながら引導を渡した。

「伝統宗教なので、害毒《がいどく》は少ない」と考えているのでしょうし、この人の心の内が分からない面もあります。

そういうわけで、酒井阿闍梨もそうですし、この人もそうですが、よくマスコミに取り扱われるのは、ある意味で、「分かりやすくて、害がない」と見られているからかもしれませんし、あるいは、「考え方」に共鳴《きょうめい》しているからかもしれませんが、そのへんはよく分かりません。

昨日の三月七日は、幸福の科学の宗教法人化記念日だったのですが、朝の五時ごろから何人かの霊が出てこられて私の眠《ねむ》りを妨《さまた》げました。そのときに、「霊言《れいげん》してやる」というような感じで出てきたなかの一人が寂聴さんの守護霊でした。全員いっぺんには無理でも、一人ぐらいは片づけるつもりです。他には、曽野綾子《そのあやこ》さんの守護霊など、何人か出てこられたのですが、気になっているものを少しずつ調べていったほうがよいと考えています。

コラム「産経抄《さんけいしょう》」も後追いしている幸福の科学の発信力

大川隆法　（質問者に）あなたがたの手にかかったら、一時間半もあれば、だいたい全体が見えてしまうのではないでしょうか。

今朝の「産経抄《さんけいしょう》」には、ＮＨＫ「クローズアップ現代」（三月六日放送）で、とうとう実現した、キャロライン・ケネディ米大使に対する国谷《くにや》裕《ひろ》子《こ》キャスターのインタビュー内容について書かれていましたが、ほぼ、当会で出している本の予想の範囲《はんい》内の結論に終わっていたようです。

ケネディ大使の守りの堅《かた》さも、当会の本で行《おこな》ったとおりの受け答えだったと思われますし、

『クローズアップ国谷裕子キャスター』（幸福の科学出版）

『守護霊インタビュー　駐日アメリカ大使キャロライン・ケネディ　日米の新たな架け橋』（幸福の科学出版）

国谷さんのほうも、やはり守護霊霊言と似たような、予想していたような話の運び方でした。

それから同記事では、籾井勝人《もみいかつと》会長に対し、「ＮＨＫの卑屈《ひくつ》な根性《こんじょう》を即刻《そっこく》、叩《たた》き直してもらいたい」というようなことを言ってみたり、「どうしてフリーの彼女がインタビューしたのか」というようなことを言ったりと、当会が話題にしているところが気になっているのか、攻《せ》めているようです。

そのほかにも、話題にすべきところがあるならば、当会のほうで、あらかじめ〝照明弾《だん》〟を次々と打ち上げて、お見せしておいたほうがよいのではないかと思います。

瀬戸内寂聴氏の守護霊を招霊《しょうれい》し、その本心を探《さぐ》る

大川隆法　そのようなわけで、寂聴さんは、現職の僧侶《そうりょ》という「宗教家」でありながら、「作家」としての面のほうが有名な方でもあり、「政治運動」にも一部参加されている方です。

私とは年齢的にもかなり違《ちが》うのですけれども、向こうも、私に対しては、ある意味で、「対抗心《たいこうしん》」のようなものをいろいろとお持ちのような感じもしますので、そのへんのところについて、全体的にどう判定が出るかを、今日、確認したいと思います。（質問者に）世間通《せけんつう》のみなさんがたは、どうぞ、頑張《がんば》って挑戦《ちょうせん》してください。

チャーチルの次は瀬戸内寂聴ですが、何だか厳しいですね（会場笑）（本霊言の二日前にチャーチルを招霊《しょうれい》。『「忍耐《にんたい》の時代」の外交戦略 チャーチルの霊言』〔幸福の科学出版刊〕参照）。

世界は広い。実に難しい。

それでは行きますか。

里村　はい。お願いいいたします。

大川隆法　それでは、日本天台宗の僧侶にして、作家としても高名な瀬戸内寂聴さんの守護霊をお呼びし、幸福の科学総合本部にて、その霊的な「本心」を明らかにし、今、生きておられる生き方が正しいのか、考え方が正しいのか、多くの人たちに流している考え方が正しいのか、今後はどうなるのか、いろいろなことについて、お話ししたいと思います。

瀬戸内寂聴の守護霊よ、瀬戸内寂聴の守護霊よ。どうか、幸福の科学総合本部に降りたまいて、その本心を語りたまえ。

瀬戸内寂聴の守護霊よ、瀬戸内寂聴の守護霊よ。幸福の科学総合本部に降りたまいて、その本心を明らかにしたまえ。

（約十秒間の沈黙《ちんもく》）

2 「日本天台宗《てんだいしゅう》のスター」を自称《じしょう》

開口一番、酒井大阿闍梨《さかいだいあじゃり》の霊言《れいげん》への不満を語る

里村　おはようございます。

瀬戸内寂聴守護霊　(咳《せ》き込《こ》みながら) うーん。

里村　瀬戸内寂聴さんの守護霊様でいらっしゃいますでしょうか。

瀬戸内寂聴守護霊　ああ、そうよ (口がへの字に曲がる)。

里村　はい。今日は、幸福の科学の総合本部にお出《い》でいただきまして、ありがとうご

ざいます。

瀬戸内寂聴守護霊　ここはねえ、もう、悪いことばっかりするからねえ。

里村　ほお。

瀬戸内寂聴守護霊　ねえ。酒井《さかい》大阿闍梨《だいあじゃり》を、あんなふうに辱《はずかし》めて、あんなのじゃ、本人だって分からないじゃない。

里村　お読みになりましたか。

瀬戸内寂聴守護霊　当ったり前じゃないの。あん

『酒井雄哉 日本天台宗大阿闍梨に引導を渡す』（幸福の科学出版）

酒井雄哉（1926 ～ 2013）
日本天台宗の僧侶。予科練に入隊し、特攻隊員として終戦を迎える。戦後、事業の失敗や妻の自殺を経験し、比叡山で得度。1980 年、千日回峰行を満行し、北嶺大行満大阿闍梨となるが、半年後に再び千日回峰行に入り、史上３人目の２度満行を果たす。瀬戸内寂聴氏とともに、日本天台宗の広告塔として、その波乱万丈の生涯が各種メディアで取り上げられる。2013 年 9 月、87 歳で死去した。

なんだって、もう、手も足もないのに、本人だって分かるわけないじゃない。

里村　ええ。ですけど……。

瀬戸内寂聴守護霊　「足」で有名になった方なのに、「足」がなくなってから取材したってしょうがないでしょ！

里村　なるほど。

瀬戸内寂聴守護霊　あんな、バカバカしい。ああいう辱め方ってないじゃない？　反論のしようがないじゃないの。

里村　ただ、守護霊様からすると、「あれは酒井阿闍梨だ」と、すぐにお分かりになったわけですね？

瀬戸内寂聴守護霊　ええ？

里村　「酒井阿闍梨だ」と、お分かりになったわけですね？

瀬戸内寂聴守護霊　困るのよ！

里村　困る？　なぜ困るのですか。

瀬戸内寂聴守護霊　ええ？　なんか、困るのよ。あのねえ、同業《どうぎょう》と言やあ同業だから言わせていただきますけどねえ、なんか、仏壇仏具《ぶつだんぶつぐ》店の横でキリスト教のグッズを売られてるような感じで、腹立つのよ！　まあ、あえて言えばね。本当に。

幸福の科学の霊言《れいげん》で「評価」が変わることへの怒《いか》り

瀬戸内寂聴守護霊　ちょっと、あんたがたねえ、もう、この世で評価された人はそのままちゃんと評価しなさいよ！　ええ？　嫉妬《しっと》してんじゃない？

里村　いえいえ（苦笑）。私は、何も嫉妬は……。

瀬戸内寂聴守護霊　あんたなんかねえ、何十キロも歩けないでしょう？　足が痛くて。ああ？　だから、嫉妬してんのよ。

里村　いえいえ。今朝も、五キロほど走ったばかりでございます。

瀬戸内寂聴守護霊　走った!?

里村　はい（笑）。

瀬戸内寂聴守護霊　それはもう、足が骨折してるでしょう?

里村　いえいえ（笑）。まあ、一度、骨折もしましたけども（笑）、それは別に結構でございますので。

今日は、ぜひ、酒井阿闍梨のそういう姿が明らかになったことへのお怒《いか》りなど……。

瀬戸内寂聴守護霊　明らかになってないよ!

里村　（笑）

瀬戸内寂聴守護霊　あんなのは明らかになってないよ。曇《くも》らしたかもしれない。

里村　いえいえいえ。ただ、多くの方が、非常に……。

瀬戸内寂聴守護霊　尊敬してるんですから。みんなが尊敬してるのをねえ、あなたがたは尊敬しないで、水をバシャーッとかけたんだ。今日もかけようとしてんの！

里村　いや、ただ、地上における尊敬というものは……。

瀬戸内寂聴守護霊　（手元のグラスを持ち）これを投げるかもよ？　本当に……。

里村　いえいえ。すみません。そういうことはおやめいただきたいのですが。

「比叡山《ひえいざん》の座主《ざす》になってもいいぐらい」と強気な態度

里村　地上における「尊敬」というものが、そのままあの世に、ストレートに行くわけではございません。

瀬戸内寂聴守護霊　何言ってんのよ。日本天台宗《てんだいしゅう》では、もう、生まれながらにして成《じょう》仏《ぶつ》してるんだからねえ。この世でそのまま天国なのよ。

里村　やはり、「天台宗」という、その権威《けんい》が大事でございますか。

瀬戸内寂聴守護霊　何よ、「権威が大事」って。そういう言い方ってないんじゃない？　天台宗に権威を求めて、みんなが座《すわ》ってるような言い方って、あれはないんじゃない？

里村　ええ。

瀬戸内寂聴守護霊　そのなかで輝《かがや》いてる人は一部なんですからね。

里村　はい。では、そうしますと、ご自身は輝いていらっしゃる、その……。

瀬戸内寂聴守護霊　当たり前じゃない。スターよ。

里村　スターですか。

瀬戸内寂聴守護霊　当ったり前じゃないの。頭も輝いてるわよ（会場笑）。

里村　あ、はい。そうでございますね。私どもも、「比叡山《ひえいざん》のスーパースターではないか」というように見ているのですが。

瀬戸内寂聴守護霊　うーん。まあね。本当はねえ、比叡山の座主《ざす》になってもいいぐらいなの。

里村　はい。

瀬戸内寂聴守護霊　うん。ならないかしら。

賞を取るのは「うれしいに決まってる」

斎藤　寂聴さんは〝スーパースター〟ということで、平成九年に文化功労者に、平成十八年には文化勲章《くんしょう》を受章されています。

瀬戸内寂聴守護霊　ああ、まあ、そういうこの世的なものに、私の関心はないんだけど、くれるものはもらっておかなきゃいけないからね。

斎藤　いや、もう小説家としても、全集も非常に多く、ズラッと出ていますし……。

瀬戸内寂聴守護霊　ああ、大川隆法は嫉妬してるんだわ。文化勲章が欲《ほ》しいんだ。

斎藤　いえ。大川総裁は、千五百冊以上という非常に大量の著作を発刊されています。

瀬戸内寂聴守護霊　あんたがた弟子《でし》の出来が悪いから取れないんだ。かわいそうにな。

斎藤　いえ、そのあたりでの議論ではなく……。

瀬戸内寂聴守護霊　賞が何にも出ないんだ。かわいそうに。私は作家として、もう、プロとして認められてるけどね。

里村　はい。

瀬戸内寂聴守護霊　こちらの霊言集《れいげんしゅう》なんていうのは、作品と認められてないから、何の賞も出ないんだ。だから、自分で出すしかないんだよ。

里村　やはり、賞はうれしゅうございますか。

瀬戸内寂聴守護霊　うれしいわよ。あれは、もう、うれしいに決まってる。

斎藤　たくさん受賞されているようですが。

瀬戸内寂聴守護霊　世間《せけん》が認めたんだ。世間が認めるっていうのは、民主主義のなかにおいては大事なことですよ？　（大川隆法を）認めてくれないでしょ？　嫉妬するでしょ？

里村　いや、なかなか、賞を取るのに、ずっと〝あれ〟でございましたからね。

瀬戸内寂聴守護霊　ギラギラと燃える炎《ほのお》が、もうすごいわ。バーナーから、もう青い……。

斎藤　（苦笑）バーナーですか。

瀬戸内寂聴守護霊　青い、赤い炎がバーッと燃え上がってる。あなたがたの嫉妬心。見えるなあ。脂汗《あぶらあせ》までかいてる。

里村　私のほうは、そういうものにはあまり関心がないので、なんともないんです（笑）。

瀬戸内寂聴守護霊　ああ、脂身《あぶらみ》を燃やしてるだけなのね。

里村　やはり、ご自身も、賞をもらうのに、けっこう時間がかかりましたので……。

瀬戸内寂聴守護霊　それは好きよ。それは好きよ。そらあ好きよ。

里村　ずっと欲しかったのですか。

瀬戸内寂聴守護霊　ああ、まあ、長生きしたから、そらあ、たくさんもらわなきゃね。

里村　ええ。ただ、いわゆる、そういう……。

瀬戸内寂聴守護霊　あんただって欲しいでしょう？

里村　いや、私は全然……。

瀬戸内寂聴守護霊　あんただって。ええ？　日本にピューリッツァー賞（アメリカで行われている新聞報道、文学、作曲に対して与《あた》えられる賞）があったら、あんたも欲しいでしょう?

里村　関係のない世界でございますので。

瀬戸内寂聴守護霊　瀬戸内寂聴に肉薄《にくはく》インタビュー。「ピューリッツァー賞」なんて、欲しいでしょう?

里村　いやいや、別に、まったく関心ございません。

瀬戸内寂聴守護霊　そうお?　「欲」がない人間なんて、人間じゃないのよ?
芥川《あくたがわ》賞・直木《なおき》賞が取れなかったのは「時代の先駆者《せんくしゃ》だったから」

里村　逆に、寂聴さんは芥川《あくたがわ》賞、直木《なおき》賞と……。

瀬戸内寂聴守護霊　ああ、うっとうしいわ。

里村　特に、芥川賞にご縁《えん》がありませんでした。

瀬戸内寂聴守護霊　もう、あれは、この年では無理だよ。年を取ったから、それは無理なの、分かるわよ。

里村　やはり欲しかったですか。

瀬戸内寂聴守護霊　あれは欲しいわよ。当ったり前じゃないの。どうしたって、直木賞は出なきゃいけないわね。

里村　うーん。

瀬戸内寂聴守護霊　どう考えてもおかしい。だから、あのころはね、世間が後《おく》れてたのよ。私のほうが進んでたの。あとから世間がついてきたのよ。

里村　どういう意味ですか。何が進んでいたのですか。

瀬戸内寂聴守護霊　いや、いや、私はもう、時代の先を見越《みこ》していて、「時代は花が乱れるような世界になっていくだろう」と見てたから、先駆者《せんくしゃ》として書いてたんだけど、時代をあまりにも超《こ》えすぎてたのよね。

里村　ええ。

瀬戸内寂聴守護霊　早すぎたために、「商業ジャーナリズム」と悪く言われる彼らでさえ、私の先見性が見抜《みぬ》けなかったのよね。それで、私のあと、十年も二十年もたってから、私が書くようなものを書いたものが、賞をもらってるわけよねえ。

里村　それは、「時代を見ていた」というよりも、「好きだった」ということではないですか。

瀬戸内寂聴守護霊　そらあ、好きだということは、やっぱり才能よ。

里村　才能？　その、「愛欲《あいよく》の世界」が？

瀬戸内寂聴守護霊　何よ（笑）。その言い方はない、その言い方はね。私は出家《しゅっけ》の身なんですから、もう本当に御仏《みほとけ》に仕《つか》えてるのよ。何言ってんの。

3 「愛欲《あいよく》なくして仏教なし」と豪語《ごうご》

「煩悩《ぼんのう》の炎《ほのお》は燃え上がって毎朝元気」と楽しげな姿を見せる

里村　私も若いときに『比叡《ひえい》』を読みましたが、瀬戸内先生の……。

瀬戸内寂聴守護霊　「先生」。あら、「先生」がついたの。まあ、サービスねえ。

里村　ええ。出家《しゅっけ》されたあと、大きく作風が変わるかと思ったら、まったく変わらないどころか（会場笑）、ますますそちらの方向に傾斜《けいしゃ》されたような感じがするのですが。

瀬戸内寂聴守護霊　いやあ、やっぱり、日本天台宗《てんだいしゅう》っていうのは、要するに、「煩悩《ぼんのう》即菩提《そくぼだい》」を地《じ》で行《い》ってる宗教だからね。

里村　はい。

瀬戸内寂聴守護霊　「煩悩こそ、実は悟《さと》りの正体なんだ」っていう、これが天台宗の根本教義なのよ。

里村　天台宗は「煩悩即菩提」が……。

瀬戸内寂聴守護霊　そうなんですよ。結局、お釈迦《しゃか》様の教えは「煩悩即菩提」なのよ。「煩悩のなかに、実は悟りはあったんだ」と、まあ、こういうことなんだよ。

里村　煩悩が大きければ大きいほど、悟りもまた大きい？

●**煩悩即菩提**　煩悩と菩提（悟り）は完全に対立するものではなく、煩悩のなかにも悟りへの手がかりがあることを示している。「欲望を追求すればするほど悟りが得られる」という意味ではない。

瀬戸内寂聴守護霊　そう。親鸞《しんらん》なんか、それを翻訳《ほんやく》して薄《うす》めて、二番煎《せん》じ、三番煎じの〝氷を入れたカルピス〟みたいにして、そして、別派をつくって大きくしたんだからさ。

里村　ええ。

瀬戸内寂聴守護霊　もう、〝カルピス〟を薄めてでもあんだけ広がるんだから、もとの〝原液《げんえき》〟はどれほど貴重か分かるでしょう？

里村　やはり、その煩悩の大きさというも

親鸞（1173 〜 1262）
鎌倉時代の僧侶で浄土真宗の宗祖。長年、天台宗の比叡山で修行をするも、疑問を感じて下山。京都の六角堂に参籠中、救世観音の化身とされる聖徳太子の夢告を受け、日本浄土宗開祖・法然のもとに入門。「愚禿親鸞」と称し、公然と肉食妻帯する半僧半俗の生活を送り、後世の日本仏教界に影響を与えた。その思想として、「善人なをもて往生をとぐ、いはんや悪人をや」という「悪人正機説」（唯円『歎異抄』）が有名。主著『教行信証』。

のが、瀬戸内さんが九十一歳《さい》になられても、元気旺盛《おうせい》な創作活動をされている力に……。

瀬戸内寂聴守護霊　（歌うように）もう、煩悩の炎《ほのお》は燃え上がって、毎朝元気よ（会場笑）。

里村　（笑）ああ。やはり、それが原動力でございますか。

瀬戸内寂聴守護霊　うーん。元気元気。もう、いつも夢から目覚めると二十代。二十代ねえ。もう、若い男性僧侶《そうりょ》と〝絡《から》み合ってる姿〟を小説に書きたいような気持ちに、いつも駆《か》られる。

里村　それは、いつも、体が火照《ほて》っているような感じですか。

瀬戸内寂聴守護霊　そう、火照るねえ。（空中に文字を書くようなしぐさをしながら）まあ、「火照り」なんて、いい感じねえ、小説にはなあ。

里村　はい、はい。

瀬戸内寂聴守護霊　「火照る九十一」。

里村　いやいや（笑）。

瀬戸内寂聴守護霊　あ、なんか意味が違《ちが》うかなあ。

里村　はい。

「釈迦《しゃか》は愛欲《あいよく》で悟《さと》った」という誤った仏教の解釈《かいしゃく》

斎藤　昔の初期のころ、『新潮《しんちょう》』に、『花芯《かしん》』という小説を発表され、非常に反響《はんきょう》を呼ぶようなスタートを切られて……。

瀬戸内寂聴守護霊　ああ、なんか、もう、思わしげな題ねえ。

斎藤　（苦笑）しかし、あれは、文壇《ぶんだん》からも、「愛欲《あいよく》小説のなかでも行きすぎたんじゃないか」ということで、「子宮《しきゅう》作家」という呼び方をされ……。

瀬戸内寂聴守護霊　あ？　何、何、何⁉

斎藤　（笑）いや……。

瀬戸内寂聴守護霊　「地球作家」？

斎藤　いや、「子宮作家」と揶揄《やゆ》されながら……。

瀬戸内寂聴守護霊　「ち」と「し」の一字違いで、だいぶ違うよ？

斎藤　そのようにも揶揄されながら、一時期、文壇からは干《ほ》されました。それでご苦労なされたので、作風が変わるのではないかと思われたのですが、また、深い愛欲のほうに行かれているという（笑）……。どうしてそこまで……。

瀬戸内寂聴守護霊　いや、その愛欲はねえ、仏教の本質なのよ。

斎藤　はあ。

瀬戸内寂聴守護霊　うーん。「愛欲なくして仏教なし」なのよ。

斎藤　ほお。

瀬戸内寂聴守護霊　そらあ、お釈迦《しゃか》様は、この愛欲で悟《さと》ったんだからさあ。

斎藤　ええ？　ちょっと待ってください。

瀬戸内寂聴守護霊　愛欲を探究しないでねえ、「仏教の真実」なんか到達《とうたつ》できないのよ、あなた。

里村　その、「お釈迦様が愛欲を探究されていた」ということですが……。

瀬戸内寂聴守護霊　そらそうよっ!!

里村　それは、どういう意味でおっしゃっていますか。

瀬戸内寂聴守護霊　いやあ、「人間の本質は何か」をずーっとたどったらね、まあ、食欲もあるけど、食欲は動物にもあるから、やっぱり、愛欲のところだね。ここが、人間の人間たる、いちばんのしがらみだし、人間の苦しみ、悩《なや》みを生むのは、この愛欲の部分ですよねえ。

里村　はい。

瀬戸内寂聴守護霊　ええ。夫婦《ふうふ》の愛、親子の愛、それから、何て言うか、まあ、友人や、その他、知人や身内の者たちとの愛の葛藤《かっとう》と、それから、その葛藤のなかから、例えば、私みたいに、パーッと頭を剃《そ》って潔《いさぎよ》く出家《しゅっけ》していく感じみたいな、別離《べつり》ね。「別離」の悲しみ、「愛欲」と悲しみ、これはもう、仏教の本質じゃないの。これが

分からなきゃ駄目《だめ》なの（机を小刻みに叩《たた》く）。あんたがたもやらなくちゃあ！（机を叩く）

里村　「苦《く》を超克《ちょうこく》しての悟り」というのは分かるのですが、愛欲がそのままで悟りにはならないと思うのですが。

瀬戸内寂聴守護霊　いや、まあ、要するに、「愛欲が苦のもとだ」ということが仏陀《ぶっだ》の教えだからね。

里村　はい。

瀬戸内寂聴守護霊　まあ、味《あじ》の素《もと》……、いや、味の素じゃない、間違えた。あの、その、何て言うか、ふりかけでもなくて、まあ、要するに、〝何とかのもと〟よ。

里村　はあ。「愛欲即生命力《あいよくそく》」が「空海《くうかい》の悟《さと》りと同じ」？

里村　「愛欲《あいよく》が、苦のもと」というのはそのとおりです。ただ、「苦」の原因を追究し、それを滅《めっ》するというところが、仏教の悟《さと》りが成立するための大きなベースですよね。

瀬戸内寂聴守護霊　いや、「滅する」というところに、まだ、お釈迦様の若さが残ってたわけよ。

里村　（苦笑）

斎藤　ほお。お釈迦様が若いからなんですか。

瀬戸内寂聴守護霊　九十一歳でも滅することはできないのよ、愛欲っていうのは。

●苦・集・滅・道　人生は苦しみに満ちているが、苦しみには原因がある。その原因を探究し（集）、滅すること（滅）によって幸福になることができる。その苦しみを滅する方法論として八正道（道）があるという教え。

里村　はい。

瀬戸内寂聴守護霊　まだピンピンよ。あ、男じゃないからピンピンピンじゃないんだ。ピンピンじゃないんだけども、九十一だって愛欲は滅しないの。

だから、「お釈迦さんは滅した」っていうの、まあ、これは嘘《うそ》よ。これはねえ、後《こう》世《せい》の人たちのつくりもんで、「愛欲をそのままに愛すること」が悟りへの道だったのよ。

里村　それは、九十一歳とか、年齢《ねんれい》の問題ではなくて、まさに個人の傾向そのものですね。

瀬戸内寂聴守護霊　いや、それは〝生命力〟なのよ！　要するに「愛欲即《そく》生命力」で、これは、四国で言えば（机を叩く）、●空海《くうかい》の悟りとも一緒《いっしょ》なのよ！

●空海の悟り　空海には、密教的な即身成仏思想もあるが、主著『十住心論』には、心の境涯を十段階に分け、それぞれに対応する教えの高下が明らかにされており、後世の堕落型天台本覚思想とは一線を画したものとなっている。

里村　はあ？

瀬戸内寂聴守護霊　うん。「愛欲即生命力、即大日如来《だいにちにょらい》」なのよ。

大日如来　真言密教において大宇宙の真理を象徴する仏。毘盧遮那仏と同じ。天台宗では法身仏を指す。

4 「仏教の本質」に関する〝迷言《めいげん》〟

なぜ法話《ほうわ》と小説の内容が乖離《かいり》しているのか

斎藤　『週刊朝日百科』の「仏教を歩く」シリーズで、いろいろと出しているのですが、まさに、今、お話しされた「空海《くうかい》」の号のときに、あなたも解説を書かれまして、「仏教への誘《いざな》い」というコーナーで、「渇愛《かつあい》と慈悲《じひ》」についてお書きになっています。

瀬戸内寂聴守護霊　うん、うん。

斎藤　そこには、「渇愛とは、われわれ凡夫《ぼんぷ》の愛をさします」と書いてあります。そして、「凡夫というのは悟《さと》りを開かない煩悩《ぼんのう》まみれの人間です」「凡夫の愛は求めることに際限がなく、喉《のど》の渇《かわ》いた人が、いくら水を与《あた》えても、もっと欲《ほ》しいもっと欲しいとねだるようなものです。それで、渇いた愛と呼びます」ということをご自身でおっしゃっているわけです。

しかし、一方では、「慈悲があるんだ。愛にも二種類あるんです」というようなこともおっしゃっていて、そのように、愛を人には解説しているではないですか。

瀬戸内寂聴守護霊　なかなか面白《おもしろ》いねえ。やっぱり、さすが宗教団体だから、宗教が入った議論は、私もなかなか久しぶりで、燃えてくるわあ。

斎藤　いや、ご自分で、「渇愛ではなくて、慈悲でなければ駄目《だめ》なんだ」と言っているではないですか。

瀬戸内寂聴守護霊　うん、やっぱり、（ファイティングポーズをとる）〝ファイティング原田《はらだ》〟かなんかの気分。（攻撃《こうげき》を避《よ》けるしぐさ）こういう感じになってくるわ。

斎藤　（笑）でも、あなたは「渇愛の世界」じゃないですか。

瀬戸内寂聴守護霊　え？　え？

斎藤　先生の小説は「渇愛の世界」じゃないですか。

瀬戸内寂聴守護霊　そうだよ？　何？　それで何？

斎藤　それを広めてどうするんですか。

瀬戸内寂聴守護霊　だから、おまえたちに……、あなたがた〝迷える衆生《しゅじょう》〟にだねえ、その世界の事実を知らしめて、「そのなかにも救いはあるんだ。そこから抜《ぬ》け出すことは永遠にできない。できないけども、実は、そのなかに悟りはすでにあるんだ。あなたがたは、すでに救われているんだ」ということを教えるために、延々《えんえん》と小説を書いているんじゃないの。

里村　「そのままにして、すでに悟っている」というのは、確かに、日本天台宗《てんだいしゅう》の教えらしいです（笑）。

瀬戸内寂聴守護霊　だから、私のはねえ、もう、小説が即《そく》〝経典《きょうてん》〟なのよ。

「渇愛《かつあい》から悟《さと》りは生まれる」と愛欲《あいよく》を勧《すす》める瀬戸内寂聴氏守護霊

里村　ちょっと待ってください。

瀬戸内寂聴守護霊　え？

里村　そのまま「渇愛《かつあい》の状態」が続くところに、なぜ「悟《さと》り」があり、「幸せ」があるんですか。

瀬戸内寂聴守護霊　それは人間であるからよお。だから、それが「人間の証明」なわけよ。

里村　でも、そのままいくと、愛欲《あいよく》に狂《くる》っている人はたくさんいるわけですが、そういう人たちも、みんな悟っていることになりますか。

瀬戸内寂聴守護霊　それはそのとおりでしょう！

里村　はあ!?

瀬戸内寂聴守護霊　だから、あんたなんか、五キロも走らなくていいのよ。トンカツを二、三枚食べて、もうあとは、今もあるんだかどうか知らないけど、そのへんの色街《いろまち》を転々と制覇《せいは》していけばいいのよ！　そのなかに、ちゃんと悟りが生まれるのよ。

里村　いや、もう、実体験からして、それでは悟りは生まれてこない。

斎藤　（笑）

瀬戸内寂聴守護霊　いや、生まれる、生まれる。それでいいのよ。

里村　それでは、私には……。

斎藤　生まれないですね（笑）。

瀬戸内寂聴守護霊　それでこそ、世間通《せけんつう》になって、私と対談する価値があるのよ。狭《せま》い世界に生きちゃ駄目なのよ。

最新作の小説『爛《らん》』から見る「瀬戸内寂聴の世界観」

里村　いや！　ちょっと待ってください。今のお言葉を聞きまして、例えば、昨年末に出ました、『爛《らん》』という新刊の小説がございます。

瀬戸内寂聴守護霊　うん。うん。

里村　これも、七十歳《さい》を過ぎても女性が……。

瀬戸内寂聴守護霊　あんたがた、宗教の勉強を真面目《まじめ》にしないで、そんなんばかり読んでんの？

里村　いやいやいや、まあ、いろいろな広い意味での社会勉強です。

瀬戸内寂聴守護霊　うん、まあ。

里村　小説では、主人公である女性が、七十歳を過ぎても、まさに、男性との性行為《こうい》に喜びを覚《おぼ》えると。

瀬戸内寂聴守護霊　あのねえ、女は死ぬまで、何て言うの？　もう火鉢《ひばち》の炭火《すみび》と一緒《いっしょ》で、かき混ぜたら火は燃えてるのよ。

里村　いや、それで、主人公は自殺するんですけども……。

瀬戸内寂聴守護霊　（天雲を指し）まあ、そこの女性なんか、これから、あともう、残り七十年は悶《もだ》え続けるんだから。

里村　いや、ちょっと待ってください。決めつけないでいただきたいんですけども

（苦笑）。

それで、主人公は自殺しますが、その娘《むすめ》に、〝不倫《ふりん》の血〟といいますか、DNAのようなものが移っていって、その娘も不倫に狂うところで終わるんですよね。

瀬戸内寂聴守護霊　うん。

里村　私には、地獄《じごく》が続くだけにしか見えないです。

瀬戸内寂聴守護霊　いやあ、そんなことはない。「不倫」なんていうものはないのよ。だから、この世の中には、植物の「おしべ」と「めしべ」しかないのよ。

里村　はい。

瀬戸内寂聴守護霊　「おしべ」と「めしべ」は、もう、交配するしかないの。それが、神様や仏様のつくられた世界なのよ。

だから、チョウチョが媒介《ばいかい》するかどうか、ミツバチが媒介するかどうかは別として、結局、「おしべ」と「めしべ」は、花粉を交換《こうかん》するのが仕事なのよ。そのために人間がいっぱいつくられているのであって、それを推《お》し進めることこそ、地上のユートピアを推し進めることになるわけよ。

里村　お話をお伺《うかが》いしていると、もう、男と女の交《まじ》わりしかないような世界観……。

瀬戸内寂聴守護霊　いやあ、そうよ！　それが仏様の意志じゃないの。

里村　（苦笑）

瀬戸内寂聴守護霊　だって、それがいけないことなら、単性生殖《せいしょく》にすりゃあいいじゃない。

二十代のころの「駆《か》け落ち」に後悔《こうかい》はないのか

里村　ちょっと待ってください。では、女性から。

瀬戸内寂聴守護霊　おお、あんたは、あと七十歳まで苦しむんだ。

天雲　少しお訊《き》きしたいのですが……。

瀬戸内寂聴守護霊　ああ、私が教えてあげよう。

天雲　（笑）あなたの、その愛欲の走り？

瀬戸内寂聴守護霊　なんか、ちょっと、（あなたの）口が曲がってるわ。今日、なんかおかしい。

斎藤　（笑）

天雲　いや、さっきのあなたほどではないと思います。

瀬戸内寂聴守護霊　ああ、〝牙《きば》〟が生えてきた！

天雲　（笑）あなたの愛欲の走りは……。

瀬戸内寂聴守護霊　うわっ！　怖《こわ》いね。なんか、あなた、男性霊《れい》が入ってない？　大《だい》丈夫《じょうぶ》？

天雲　それは、二十六歳のときに家族を捨てて、ある男性と駆《か》け落ちされたことから始まっているのかなと思うのですが。

瀬戸内寂聴守護霊　小説家は、そんなの当たり前のことなのよ（注。大学在学中に結《けっ》婚《こん》して一女をもうけるも、夫の教え子と恋愛《れんあい》関係になって家出し、離婚《りこん》。さらに、別の妻子ある男性と不倫《ふりん》）。

天雲　そのことは、本当に後悔《こうかい》されていないのですか。

瀬戸内寂聴守護霊　なんか、すごい裁判官みたいな言い方してくる……。

斎藤・天雲　（笑）（会場笑）

瀬戸内寂聴守護霊　なんか、しらけるわねえ（会場笑）。

斎藤　これは、宗教では大事なところです。

瀬戸内寂聴守護霊　ちょっと、あんたにはエンターテインメントの要素はないの？

天雲　あ、いえ。

瀬戸内寂聴守護霊　多少、人々を喜ばそうっていう気持ちは……。

天雲　いや、その小説家になる最初のきっかけになったのが……。

瀬戸内寂聴守護霊　それは、人間的な何か、「挫折《ざせつ》」や「苦しみ」がなきゃ、小説家にはなれないし、「宗教家」にだってなれないでしょうよ。

天雲　それは、何かすごく……。

瀬戸内寂聴守護霊　それがどうしたのよ。
男となんかして、家庭が壊《こわ》れただの、どうなっただの、そんなのは世の中で当たり前のことじゃないの！（机を叩《たた》く）どこにでもあるこっちゃ！　そんなのは！　ありふれたことやっ！

天雲　いや、それで、そのことをすごく後悔されたりなどはせずに……。

瀬戸内寂聴守護霊　なんで後悔しなきゃいけないのよ？

天雲　まったく後悔されていないのですね？

瀬戸内寂聴守護霊　当ったり前じゃない。そんなの、もう、「人間そのもの」じゃない、それが。

天雲　（苦笑）ありがとうございます（会場笑）。

斎藤　（苦笑）「人間そのもの」って、そんな……。

瀬戸内寂聴守護霊　人生そのものじゃん。

斎藤　人生そのものなんですか。

瀬戸内寂聴守護霊　当たり前よ、あなたねえ、二十六にもなって、男女関係が破綻《はたん》して、親と喧嘩《けんか》しないような人なんていたらねえ、人間じゃないわ！

（天雲に）もし、あんたがそうだったら、まだ人間になってない。まだ人間になる前の段階だから、あなたは〝伊勢海老《いせえび》〟でもやってなさいよ！　本当に！

天雲　（笑）では、まったく後悔されていないということで、もう本当に、「この愛欲の世界を広げてよいのだ」ということでしょうか。

瀬戸内寂聴守護霊　広げていいんだって。そのなかに悟りの広大な世界があるっていうことを描《か》かなきゃいけない。ね？

里村　いや、それは今、非常に美しくコーティングされた話になりますけども（笑）。

人並み以上に煩悩《ぼんのう》が大きいのは「大きな使命があるから」？

里村　私も、こうしてずっと先生を拝見していると、やはり、「普通《ふつう》ではいられない」「とにかく目立ちたい」という意志というのは、すごくお持ちで……。

瀬戸内寂聴守護霊　普通ではいられない……。

里村　普通ではいられませんね？

瀬戸内寂聴守護霊　どういうこと？　「普通ではいられない」って、どういうことよ？　その表現は文学的じゃないねえ。

里村　要するに、目立たない、その普通の人間が生きていく上で、普通の家族と家庭をつくったり、あるいは、仕事をしたりするというような、そういう営《いとな》みでは満足できない？

瀬戸内寂聴守護霊　まあ、「氷多きに水多し」で、煩悩《ぼんのう》が大きければ、やっぱり、悟りも大きいわけよ。

里村　では、ご自分の煩悩が、人並みはずれて大きいということは認められるのですね？

●氷多きに水多し　氷を煩悩、水を智慧にたとえ、「煩悩が多い人は、結果的に、得られる智慧も多くなる可能性を秘めている」という浄土教系の言葉。単に、「煩悩の多い人ほど大きな悟りを得ている」という意味ではない。

瀬戸内寂聴守護霊　そりゃあそうだよ。「煩悩が大きい」っていうことはねえ、つまり、「それだけ大きな使命を仏から受けている」っていうことなんだよ。

里村　ほお。

出家《しゅっけ》した者が「愛欲《あいよく》の世界の小説」を書くことの危険性

里村　そうしますと、「いったい、出家《しゅっけ》というものが何のためだったのか」ということが、瀬戸内さんの作品を読むと、いまだに……。

瀬戸内寂聴守護霊　だから、私は私なりに、その悟りの世界を、世界に広めるためにやってるんだよ。

里村　出家をですか。

瀬戸内寂聴守護霊　うん。だから、活動的に、新幹線にも乗ったし、ね？　いろんなところにも行って活動して、いろんなところへ出て「あおぞら説法《せっぽう》」もして、雑誌や新聞やテレビや、いろんなところにも出て、これはもう、「女版のお釈迦《しゃか》様」そのものじゃない。

里村　いや、私は、そこまで言うのは、少し危険があると思うんですよ。

瀬戸内寂聴守護霊　危険？

里村　なぜなら、愛欲《あいよく》に狂っている一女

あおぞら説法　寂聴氏が住職を務めていた岩手県天台寺では、週末に参拝者の前で野外説法を行っている。

性作家が作品を発表しただけのことになるんです。それだけの話です。

瀬戸内寂聴守護霊　いや、〝狂っている〟じゃなくて、「〝狂っていた〟女性作家が悟りを開いて、その悟りを広げたのであった」。これでお釈迦様と同じじゃん。

里村　しかし、広げているその話は、また、愛欲に狂っている話ではないですか。

瀬戸内寂聴守護霊　え？　いや……。

里村　広げている話は。

瀬戸内寂聴守護霊　いや、愛欲に狂ってるように見えながら、実は、正式な得度《とくど》をして、正式な仏道修行《ぶつどうしゅぎょう》をした人が、あえて愛欲の世界を描《か》くことによって、愛欲の世界を読んでおるようでも、心が洗われていって、そのへん、何て言うの？「聖なる気持ち」に包まれるのよ！

里村　いや、そこは違《ちが》います。むしろ、正式な得度をしている方が愛欲の世界を描《えが》くことによって、多くの方が、「煩悩のままでいいんだ。愛欲のままでいいんだ」と……。

瀬戸内寂聴守護霊　そうよ？　それだって天台宗《てんだいしゅう》の本質じゃないの。何言ってるのよ。

里村　いやいや、そのように間違われることが、すごく危ないんだと、私は申し上げているんですよ。

瀬戸内寂聴守護霊　だから、「現状そのまま」でいいの。ただ、「現状そのまま」だと人間としての進歩がないから、足の強い人は、競歩の選手に負けないぐらい歩いて回《かい》峰行《ほうぎょう》をするし、私みたいに筆が立つ者は、作家として超人《ちょうじん》的な活動をすることで、仏

●天台本覚思想　日本天台宗は、『法華経』の一乗思想に根ざし、「人間は、本来、仏と同じ悟った存在である」という本覚思想を広めたが、なかには反省や教学等の仏道修行を否定し、「あるがままでよい」と誤解して堕落する者が出てきた。

の証明をしなきゃいけないし、そうやって、みんなそれぞれ、自分の持ち味で勝負をするわけよ。

里村　進歩と言ったら……。

瀬戸内寂聴守護霊　別にねえ、私が愛欲の世界を小説に描こうがね、香川《かがわ》県のうどん屋が延々と一生うどんを打ち続けようが、一緒なわけなのよ。

だから、「職人技《わざ》として名人芸まで行く」っていうのは一緒なの。

里村　いや、うどん屋さんはそうですよ。うどん屋さんは、その「うどんをつくる」ということでよいのですが、やはり、あなたは、その思想というものを……。

瀬戸内寂聴守護霊　要するに、〝人間国宝〟なのよ！（机を叩く）いずれにしても！

里村　いや、思想を紡《つむ》ぎ出す、いわば「思想犯」に当たる仕事をなさっているんです。

瀬戸内寂聴守護霊　思想〝犯《はん》〟!?　「犯」はいけない、犯はいけない、犯はいかん。犯っていうのは、ちょっと定義を必要とする。

5　「地獄《じごく》と極楽《ごくらく》」が倒錯《とうさく》した世界観

詰問《きつもん》に対して親鸞《しんらん》の例を引き合いに出す瀬戸内寂聴氏守護霊

斎藤　先ほどもお話に出てきました、最近発刊された『爛《らん》』という小説ですが、そこで主人公などが、登場人物に……。

瀬戸内寂聴守護霊　〝蘭《らん》〟っていう花は、いい形してるわよね。

斎藤　いやいや。

里村　おそらく、字が違《ちが》うんですよね。

斎藤　ええ。ええ（笑）。

里村　「爛《ただ》れる」もののほうで……。

斎藤　そうそう。

瀬戸内寂聴守護霊　ああ、そうか。

斎藤　それで、その登場人物の台詞《せりふ》のなかに、仏道《ぶつどう》についての言及《げんきゅう》が一つだけありま
す。

瀬戸内寂聴守護霊　一個だけある……。

斎藤　茜《あかね》という登場人物が、「仏様も大好きです」「掌《てのひら》を合わせるのにためらいませ

ん」と言っています。

瀬戸内寂聴守護霊　そう。そう。

斎藤　しかし、そのあと、その茜が、「要するにいいかげんなんです」ということを語っていまして……。

瀬戸内寂聴守護霊　え？　え？

斎藤　「要するにいいかげんなんです」と。さらに、「何でもすぐ信じるようで、実は何も信じていない」「どなたか、誰《だれ》でもいい、この苦しみを聞いてくださいと泣きたくなります」というのが、この小説『爛』のなかに出てくる登場人物に語らせている、唯一《ゆいいつ》の仏道への救いの言葉なんですよね。

「要は何でもいいんです」「いいかげんなんです」というようなことまでしゃべらせ

ておいて、それが本当に作品で訴《うった》えたかった「仏道の救い」、あなたの「悟《さと》り」なんですか。

瀬戸内寂聴守護霊　うーん……。まあ、私を認めないなら、あの親鸞《しんらん》なんていうのは、もっとすごいからね。あんなのは、もう本当に、色欲《しきよく》に迷うただけを「悟り」と称《しょう》して浄土真宗《じょうどしんしゅう》を広めてるわけですから。

あのねえ、私を認めないんだったら、浄土真宗なんていうのは、もう壊滅《かいめつ》しますよ。

里村　ただ、親鸞聖人《しょうにん》は、やはり、「信仰《しんこう》」というものを語られました。

瀬戸内寂聴守護霊　いや。あれは、もう、「自《じ》我我欲《ががよく》」よ。

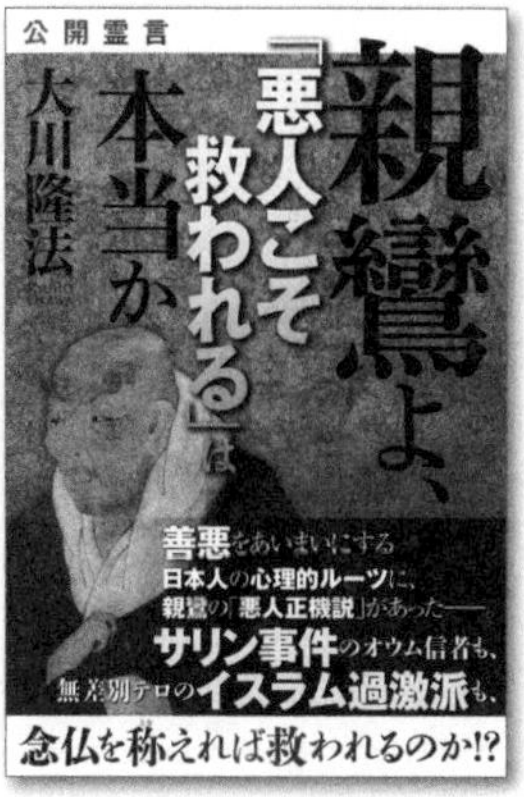

2012年10月、親鸞の霊言を収録。善悪と魂の救済等に対する本心を語った。(『公開霊言 親鸞よ、「悪人こそ救われる」は本当か』〔幸福の科学出版〕)

里村　いえいえ。

瀬戸内寂聴守護霊　ただ、自分が救われたいだけの信仰よ。「女版・釈迦《しゃか》」と言い切るその根拠《こんきょ》とは

里村　過去、『釈迦《しゃか》』という小説もございましたけども。

瀬戸内寂聴守護霊　ああ、あったねえ。

里村　瀬戸内さんの作品を通じて、「信仰の本質に迫《せま》る」というところはないんです。

瀬戸内寂聴守護霊　うーん……。だから、私そのものが「釈迦の人生」を女版にしたようなもんだから。

里村　ご自身の人生が「釈迦の人生」に映《うつ》っているんですか。

瀬戸内寂聴守護霊　そのもんだよ。そのものですよ。

里村　どういう観点で……。

瀬戸内寂聴守護霊　お釈迦様が女性として生まれてたら、私みたいに生きるしかない。

里村　どういうところが二重写しに映るんですか。

瀬戸内寂聴守護霊　だから、やっぱりねえ、煩悩《ぼんのう》から絶縁《ぜつえん》しても救いはないのよ。この煩悩のなかを、いかに泳ぎ渡《わた》っていくかをお見せすることで、波間《なみま》に漂《ただよ》う迷える衆《しゅ》生《じょう》を救うことになるわけなのよ。

里村　いや。衆生が煩悩の波間で苦しんでいるからこそ、その波間から泳ぎ出た者が「導くこと」が必要なんです。

瀬戸内寂聴守護霊　私は、「雲の上から蜘蛛《くも》の糸を垂《た》らして救う」みたいな、そういうねえ、何て言うの、貴族趣味《しゅみ》じゃなーいの。庶民《しょみん》と共にあるのよ。

里村　いや、それは、貴族趣味ではなくて、それが、「釈迦の慈悲《じひ》」ではないですか。

瀬戸内寂聴守護霊　だから、そういうね、上下《じょうげ》感覚がある、「差別観」の強い仏教は好きではないの。やっぱり、仏教は基本、「平等観」なのよねえ。

死後の世界は認めるが「上下などというものはない」

里村　そうしますと、死後の世界は、ご本人も認めていらっしゃるのですが……。

●平等観と差別観　仏教には根本において平等観と差別観の両面があり、平等と差別の片面のみを認める思想ではない。「すべての人は仏性を等しく持つ」という可能性では平等だが、努力精進の違いによって悟りの高下の差が現れる。

瀬戸内寂聴守護霊　ありゃ、当ったり前ですよ。

里村　「天国・地獄《じごく》」はあるんですか。あるいは、「極楽《ごくらく》」?

瀬戸内寂聴守護霊　まあ、「極楽・地獄」はあるわね。

里村　ある?

瀬戸内寂聴守護霊　それは、あって、あって、あって……。

里村　それでは、「六道輪廻《ろくどうりんね》」は認められるんですね。

瀬戸内寂聴守護霊　うーん、まあ、そら、そういうのもあるかもね。

●六道輪廻　「地獄・餓鬼・畜生・阿修羅・人・天」の六つの世界を何度も生まれ変わること。

里村　ということは、やはり、上下というのはあるわけですよね？

瀬戸内寂聴守護霊　うん？　何？

里村　天国・地獄があれば。

瀬戸内寂聴守護霊　何が上下なの？　いや、そういうふうに見るんじゃなくて、人生は万華鏡《まんげきょう》なわけよ。いろんな花がパーッと咲《さ》いているように見えるのよ。そういう社会なのよ。

里村　ええ。

瀬戸内寂聴守護霊　まあ、上下なんていうもんではないのよ。

血の池地獄《じごく》を「楽しい世界」と呼ぶ

里村　ただ、先ほどから守護霊様の話を聴《き》いていますと、例えば、「血の池地獄《じごく》」で苦しんでいる人も、今、極楽にあるかのようなお話になっています。

瀬戸内寂聴守護霊　まあ、「血の池地獄」と思うところがねえ、あなた、もう古いのよ。時代がかって、もう、何とかザウルスなのよ。〝里村ザウルス〟。

里村　いやいや（笑）。

斎藤　今、どんなものが見えますか。「血の池地獄」は今、どんな……。

瀬戸内寂聴守護霊　そういうんじゃなくて、今はねえ、「血の池地獄」なんていうんじゃなくて、そのねえ、何て言うの？　銀色のあれが、ライトがグワワワーッと……。

●血の池地獄　一生を通じて、男女関係において著しく間違った生き方をした場合に、死後行く地獄。

斎藤　シャンデリアのようなものですか。

瀬戸内寂聴守護霊　いろんなライティングをして、イエローとか、レッドやオレンジのライトがウワアアアーと回って、音楽がグワングワンかかってるとこで、男女がいろいろ踊《おど》って遊んでる〝阿波《あわ》踊りの世界〟なのよ、「色情《しきじょう》地獄」ったって。

斎藤　いやいや。

里村　そんなものを阿波踊りと一緒《いっしょ》にするのはまずいですよ。それは、徳島の人に対する……。

『地獄の方程式――こう考えたらあなたも真夏の幽霊――』(幸福の科学出版)

寂聴氏のあの世観

寂聴氏は、「もし地獄と極楽が両方あっても、極楽は退屈そうだから行きたくない。悪いことといっぱいしているから、どうせ地獄へ行くでしょうけどね」(玄侑宗久氏との対談『あの世　この世』)「もしあの世が極楽と地獄に分かれるなら、私は悪いこともいっぱいしていますから、間違いなく地獄に行くだろうと思うのね。でも、それでいいの。私は、間違っても極楽なんて行きたくないもの」(稲盛和夫氏との対談『利他』)と語っている。

瀬戸内寂聴守護霊　え？　阿波踊りよ。何？　何？　何が違うのよ。

里村　徳島市名誉《めいよ》市民でいらっしゃる方が、その発言ではまずいです。

瀬戸内寂聴守護霊　え、「泡踊《あわおど》り」だよ。泡、泡、泡踊りの。〝阿波踊り〟だったかもしれないけど……。別にねえ、楽しい世界なのよ。

斎藤　それで、今、踊っていらっしゃるんですか。

瀬戸内寂聴守護霊　え？　いやあ、踊って踊って。何、何？　何が悪いわけ？　うん？

「あの世のナイトクラブの経営者」を自称《じしょう》する

里村　たいへんお詳《くわ》しいですね？

瀬戸内寂聴守護霊　え？　何が？

里村　お詳しいですね？

瀬戸内寂聴守護霊　え？　あ、お詳しい？「おかしい」じゃなくて、「お詳しい」？
ああそう。

里村　〝そのへん〟によく行かれているんですか。

瀬戸内寂聴守護霊　いや、〝経営者〟の一人ではあるから、まあ。

里村　経営者？

瀬戸内寂聴守護霊　うん。うん。

里村　経営者の一人でいらっしゃるんですか。

瀬戸内寂聴守護霊　まあ、経営者ではあるねえ。

斎藤　〝色情地獄の経営者〟でいらっしゃるんですか。

瀬戸内寂聴守護霊　そういう言い方はあんまりなんじゃない？

斎藤　ああ、すみません。失礼しました。ストレートでしたけれども。

瀬戸内寂聴守護霊　うん。その何て言うかね、「あの世のナイトクラブの経営者」みたいなもんかなあ。

斎藤　ああ……。あの世では「吉行淳之介《よしゆきじゅんのすけ》」「渡辺淳一《わたなべじゅんいち》」などの系統の人が仲間

里村　ここ（幸福の科学総合本部）には、松本清張《まつもとせいちょう》さんという方が霊としていらっしゃって、「よく集まって、地獄のサロンのようなものをやっているんだ」というようなことをおっしゃっていましたけども。

瀬戸内寂聴守護霊　あの人はちょっと顔が趣味じゃないわあ、私。

里村　顔が趣味ではない？

瀬戸内寂聴守護霊　うーん。あんたの〝つくり損《ぞこ》ない〟みたいなあれじゃん？

里村　（苦笑）ひどい……。ちょっと、それは、私は少し承服《しょうふく》しがたいんですけども。

瀬戸内寂聴守護霊　ああ、そうですか。

里村　さすがにですねえ（苦笑）……。

瀬戸内寂聴守護霊　あんたの唇《くちびる》を整形手術して大きくしたら、あんな顔になる。

里村　それは、誰でもそうなりますよ。

瀬戸内寂聴守護霊　ああ、そうか（会場笑）。

里村　例えば、その界隈《かいわい》で、よくお会いするような作家とかいらっしゃるんですか。

松本清張（1909～1992）
小説家、ノンフィクション作家。印刷所勤務を経て朝日新聞社に入社。処女作『西郷札』が直木賞候補となり、『或る「小倉日記」伝』で芥川賞を受賞。社会派推理小説の分野で流行作家となる。代表作に『点と線』『ゼロの焦点』『砂の器』等がある。また、『日本の黒い霧』等のノンフィクションで社会の腐敗などを鋭く追及した。

『地獄の条件――松本清張・霊界の深層海流』（幸福の科学出版）

瀬戸内寂聴守護霊　作家……。

里村　同じ〝経営者〟とかで、例えば……。

瀬戸内寂聴守護霊　うん。そらいるわよねえ。そらあ、いっぱいいるんじゃない？

里村　ぜひ、お名前を。

斎藤　どなたですか。

瀬戸内寂聴守護霊　たくさんいるんじゃないの？　その系統の方はいっぱいいらっしゃる。

里村　もし、著名な方がいらっしゃいましたら。

瀬戸内寂聴守護霊　そらあ……、まあ、吉行淳之介《よしゆきじゅんのすけ》さんとか、あの系統の人たち。まあ、生きてる人もいるから、その関係の方も出入りしてるけども。まだ生きている北のお医者さんで書いている方がおるじゃないの？

里村　名前を言うのも〝あれ〟ですけど、渡辺淳一《わたなべじゅんいち》さんですね？

瀬戸内寂聴守護霊　ああ、ご長命の方もいらっしゃる。あのへんのは、みな、お仲間よ。そらあ、もちろんね。

里村　仲間でいらっしゃって？

瀬戸内寂聴守護霊　まあ、もちろんね。エンターテインメント系なのよ、私。だから、直木《なおき》賞系なの。ほんとはね。

●吉行淳之介〈1924 ～ 1994〉小説家。東京大学中退。『驟雨』で芥川賞受賞。『砂の上の植物群』等、男女の性的関係から人間存在の意味を追求する作品を発表。
●渡辺淳一〈1933 ～〉小説家。札幌医科大学卒。『光と影』で直木賞受賞。『失楽園』『愛の流刑地』等、濃密な性描写の恋愛小説や、エッセイを多数発表。

「煩悩即菩提《ぼんのうそくぼだい》」を地《じ》で行く今東光《こんとうこう》から受けた指導とは

斎藤　お師匠《ししょう》さんに今東光《こんとうこう》さんがいらっしゃいましたが、そちらの世界にいらっしゃいますか。

瀬戸内寂聴守護霊　今東光さんは、そら、会いますよ。

斎藤　この人は、寂聴さんのお師匠さんですからね。

瀬戸内寂聴守護霊　そら、いますよ。当然います。当然いますよ。

斎藤　出家《しゅっけ》するときに面倒《めんどう》を見られて、導いてくださった恩師《おんし》、師匠です。

瀬戸内寂聴守護霊　あの人から、何て言うの？　いかにスタンドプレーするかを、私はしっかり学んだ。

里村　ほおお。

斎藤　雑誌の「プレイボーイ」か何かに載《の》ってましたっけ？　人生相談をやっていましたね？

里村　「プレイボーイ」でずっと人生相談をやっていました。

瀬戸内寂聴守護霊　だからねえ、あらあ、「煩悩即菩提《ぼんのうそくぼだい》」を地《じ》で行っている人だから……。

今東光（1898 ～ 1977）
天台宗僧侶（法名・春聽）で作家。また、自民党（参議院）議員を１期務める。破天荒な人物として知られる。
（上：「プレイボーイ」誌連載の人生相談『極道辻説法』）

天台宗の今春聽大僧正のもとで得度式を受ける寂聴氏（1973 年 11 月、岩手県中尊寺）。

里村　あの方から、ずっと指導を受けていたと？

瀬戸内寂聴守護霊　もちろん受けてましたよ。受けてましたし、どっちの指導？　小説の指導？　それとも別のほうの指導？

里村　両方ともです。

瀬戸内寂聴守護霊　小説の指導？　仏道指導？　男女指導？　どれ？

里村　男女指導。

瀬戸内寂聴守護霊　ああ、全部受けたわ。

斎藤　全部受けた？　男女指導も？　今東光さんって、すごい破戒僧《はかいそう》のような方で、たくさんのエピソードがありますけども。

瀬戸内寂聴守護霊　〝万能《ばんのう》〟の方やから。

斎藤　ただ、ご自身で編集者相手に下ネタの話をしたら、すごく欲情してしまって、「早朝からピンク映画を持ってこさせて上映させた」というエピソードもある方です。なんか、すごいですね。

瀬戸内寂聴守護霊　それは、もう、経験豊富な方やから。やっぱり、「そうでなきゃあ、坊《ぼう》さんでも人は救えん」って言ってましたわ。

里村　今東光和尚《おしょう》は、もう、ずいぶん前に亡《な》くなられましたけれども、その後も、実際にインスピレーションというかたちで、創作活動に対して指導が入り続けたわけですね？

瀬戸内寂聴守護霊　いやあ……、私も〝ナイトクラブの経営者〟だけども、あれも〝オーナー〟みたいな人なんじゃないのかな。総支配人……。

斎藤　（苦笑）今東光といったら、小説家でも、政治家（参議院議員）でもあり……。

瀬戸内寂聴守護霊　だいたいねえ、作家っていうのは、みんな、飲み屋とかさ、クラブ、キャバレーみたいなところに集まって、ワイワイ、ガヤガヤ、猥談《わいだん》したり、雑談したりして、インスピレーションが湧《わ》いてくるもんだからね。「煩悩の世界」を語り合わなきゃ駄目《だめ》なのよ。

運命と闘《たたか》う人を描く「山崎豊子《やまさきとよこ》」への批判

里村　ただ、そのように「煩悩」とか、「苦海《くかい》」とかを描きながらも、そこを踏《ふ》み越《こ》えようとする人間を描く、山崎豊子《やまさきとよこ》さんのような作家もいらっしゃるわけですよ。

瀬戸内寂聴守護霊　まあ、あれだって、もうほんの紙一重《かみひとえ》だからなあ。そう言ったって。

里村　「紙一重」とおっしゃるのは、大きな間違いです。

瀬戸内寂聴守護霊　あれも〝地獄〟をいっぱい書いてるでしょう？　あの人だってねえ。

里村　ところが、死後、非常に高いところに還《かえ》られています。

『山崎豊子 死後第一声』
（幸福の科学出版）

山崎豊子（1924 ～ 2013）
社会派作家。毎日新聞に勤務する傍ら、小説を書き始め、1958年、『花のれん』により直木賞を受賞。『白い巨塔』『華麗なる一族』『不毛地帯』『二つの祖国』『大地の子』『沈まぬ太陽』『運命の人』など、社会問題に鋭く切り込んだベストセラー小説を発表し続け、その多くが映画化・テレビドラマ化された。

瀬戸内寂聴守護霊　あ、ほんまに？　おかしいなあ。あんな地獄ばかり書いとって……。

斎藤　地獄は、自分でも書いているじゃないですか。

瀬戸内寂聴守護霊　え？　私、地獄を書いてる？　天国を書いているのよ、私は。

斎藤　あれ？　え？　今、天国を書いているんですか。

瀬戸内寂聴守護霊　うん、うん。

斎藤　ご自身が？

瀬戸内寂聴守護霊　うん。

斎藤　あれ？　おかしいな。何か、悩乱《のうらん》してきました。血の池があって、天国なんですかね……。

瀬戸内寂聴守護霊　そのね、「人間の欲望」を書く世界は、極楽《ごくらく》世界なのよ。

斎藤　ぜひ、そういうところを教えてください。

瀬戸内寂聴守護霊　だから、あのねえ、「欲望のなかにあって、主体的に生きる人間を描く」っていうことは、極楽世界を成就《じょうじゅ》することなのよ。
山崎豊子はちょっとね、冷《さ》めているのよね。何て言うの？　そういう苦海《くかい》にいる人たちを冷たい視線で見下ろしてるようなところがあるわねえ。

里村　いやいや、それは違います。作品を読むと、山崎豊子さんのほうは、苦海のなかから何とか抜《ぬ》け出ようと、ある面で努力し、運命と闘《たたか》う人を描きます。

瀬戸内寂聴守護霊　まあ、ちょっとねえ、彼女とはちょっと立場が違うのよね。だから、欲を書いているのは一緒なんだ。私は、いろんな、普遍《ふへん》的な、いわゆる凡《ぼん》人《じん》が持つ「欲の集大成」を描こうとしている「民主主義的な作家」なのよ。彼女はそうじゃなくて、「権力欲」に関心があるのよね。

里村　「民主主義」というお言葉を使われましたけれども、それは、まったくの言い訳で……。

瀬戸内寂聴守護霊　（山崎豊子は）きっと、死んでからヒットラーの仲間みたいなところに行ってると思うよ。

里村　あなたは、単なる〝溺《おぼ》れている人〟を描いているだけではないですか。

瀬戸内寂聴守護霊　溺れてるんじゃなくて……。やっぱりねえ、天台宗《てんだいしゅう》の本質は、要するに一切《いっさい》の衆生の救済だからね。

「たくさんの人に読まれる」ことが小説における民主主義？

里村　先ほど、経営者という話が出ましたけれども、経営者からすると、お客さんが増えればうれしい？

瀬戸内寂聴守護霊　そりゃあそうよ。それが民主主義じゃない？　だから、「たくさんの人に読まれる」っていうのは、小説における民主主義じゃない？

里村　そして、結果的に、お店に来られる方が……。

瀬戸内寂聴守護霊　いっぱい来る。そして、みんなでワイワイ、ガヤガヤと、「猥談《わいだん》」

って言ったらまずいかな？　楽しい話をする。そこで、私には新しい創作がまた生まれてくる。新しい小説家が生まれてくる。〝卵〟も育てなきゃいけない。

斎藤　それが「救い」なんですか。

瀬戸内寂聴守護霊　私みたいな人がどんどんどんどんフロンティアを拓《ひら》いていって、書ける範囲《はんい》が広がっていく。これが大事なことじゃないの。

里村　しかし、そのような世界を、仏教では「迷いの世界」と言って……。

瀬戸内寂聴守護霊　何よ、あんた。

里村　その迷いの世界から脱却《だっきゃく》することを、釈尊《しゃくそん》は説かれたんですよ。

「谷崎潤一郎《たにざきじゅんいちろう》は変態の世界にいる」と証言

瀬戸内寂聴守護霊 （机の上の資料を見て）ちゃーんと文学賞って書いてあるんだよ。

里村 え？

瀬戸内寂聴守護霊 「文学賞を取った」って、なんか書いてあるのよ、これ。

里村 でも、この世の賞などは、諸行無常《しょぎょうむじょう》のなかで、何の意味もないんじゃないですか。

瀬戸内寂聴守護霊 大学の学長もやった。

里村 そうですね。

瀬戸内寂聴守護霊　「谷崎潤一郎《たにざきじゅんいちろう》賞ももらった」って書いてある。だって、谷崎潤一郎は、それはもう、完全に変態の世界に生きてるからねえ。あれが、そんなに偉《えら》いんなら、私だって偉いわよ。

私、変態ではないわよ。あっちは変態だけど、完璧《かんぺき》な。

里村　谷崎潤一郎さんも、ときどき〝来店〟されるんですか。

瀬戸内寂聴守護霊　ええ。あれはもう、居座《いすわ》ってるわよ、ちゃんと。

里村　居座っている？

瀬戸内寂聴守護霊　あれは、またちょっと「別の店」を開いてるから。

●谷崎潤一郎〈1886 ～ 1965〉小説家。東京帝大国文科中退。『痴人の愛』『春琴抄』『細雪』等、耽美的な作品を多数発表。また、『源氏物語』の現代語訳を行った。

里村　ご自身のですね?

瀬戸内寂聴守護霊　あれはもうちょっと……。私のところはあそこまでやらないの。私のところはもうちょっと〝健全〟なところだから。〝健全〟な人たちが〝健全〟な大衆娯楽《ごらく》を求めてやってきて、酒を飲んで、歌を歌って、ライトを浴びて遊んでるけども、谷崎潤一郎のところは、完全にもう、仮面をかぶって、目に怪傑《かいけつ》ゾロみたいなのをかけて、ムチで打ったり、天井《てんじょう》から縄《なわ》でぶら下げたり、もういろいろやっているわけよ、あっちは。

里村　まあ、「倒錯《とうさく》」のほうですね?

瀬戸内寂聴守護霊　うーん、変なのをやってる。私は〝健全〟な世界よ。

6 「魔即《まそく》人間」「魔即仏」という極言《きょくげん》

「釈尊《しゃくそん》は仏像であり、真理に帰依《きえ》している」と語る

里村　ただ、その健全な世界とかおっしゃっていますが、そこに、例えば、釈尊《しゃくそん》が来られますか。

瀬戸内寂聴守護霊　釈尊っていうのは、仏像だからね。

里村　あの、すみませんけれども、ご本人は、いちおう出家《しゅっけ》されました。どなたに帰《き》依《え》されているんですか。

瀬戸内寂聴守護霊　うーん……、仏像……、まあ、その、何ちゅうかな、真理に帰依

しているわけよ。真理に。

里村　真理に帰依している？

瀬戸内寂聴守護霊　うん。仏教の真理に帰依してんのよねえ。

里村　法にですか。

瀬戸内寂聴守護霊　真理そのものに帰依してんのよ。「普通《ふつう》の生活が釈尊《しゃくそん》の悟《さと》りである」という仏教理解

里村　それでは、その真理とは何ですか。

瀬戸内寂聴守護霊　真理とはねえ、だから、「一切《いっさい》の衆生《しゅじょう》はもうすでに救われている」

っていうのが真理なの。

里村　それでは、仏教がそもそも生まれる意味がありません。

瀬戸内寂聴守護霊　いやいや……。

里村　救われているなら、仏教が説かれる必要はありません。

瀬戸内寂聴守護霊　釈尊《しゃくそん》は迷ったのよ。

里村　えっ!?

瀬戸内寂聴守護霊　あのねえ、当時のインドのねえ、そういう、いろんな伝統的な宗教のあれを受けて修行《しゅぎょう》しようとして、そしていろんな欲を断《た》ったために、何て言うの、ヨガの行者《ぎょうしゃ》みたいなことをしてみたり、いろんな超能力《ちょうのうりょく》みたいなのを求めてみたり、いろんなことをやってみたけど、何をしても悟《さと》ることができなくて、「ああ、なんだ。普通《ふつう》の生活をするのが、結局、悟りなんだあ」っていうことに気がついたのよ。

仏教はそういうことだよ。「ただこのままで、普通に生きたら、それが悟りへの道なんだ」っていうのが、釈尊の教えなのよ。

里村　それは、「堕落《だらく》の勧《すす》め」ではありませんか。

瀬戸内寂聴守護霊　いや、「中道《ちゅうどう》」よ。これが中道なの。

里村　それが中道ではないですよね？

瀬戸内寂聴守護霊　「苦楽《くらく》の中道」じゃない？　何言ってんのよ。

里村　そのままで行ったら、釈尊のもとに、あれだけの人が集まってきて教えを聴《き》いた意味がありません。

「サラリーマンが遊んでいる世界」が真実の世界？

瀬戸内寂聴守護霊　いや、私は別にねえ、あれよお、「秦《しん》の始皇帝《しこうてい》みたいに、阿房宮《あぼうきゅう》で三千人の美女を集めて遊べ」って言ってるわけじゃないのよ。

お釈迦《しゃか》様も、そこまでは行かないかもしらんけれども、「美女が五百人なりき」の三季《さんき》の宮殿《きゅうでん》のなかに住んで、「蝶《ちょう》よ、花よ」の生活してたのを捨てて修行に入って苦《く》行《ぎょう》をしたけど、悟れなくて、普通の人間に戻《もど》ろうとして普通の生活に入《い》って、私みたいに「あおぞら説法《せっぽう》」をしたりしながら、お布施《ふせ》をもらいながら、着物もだんだんよくなって、食べ物もよくなって、普通の人間になって、教団運営して、まあ、会社経営みたいなのをしたのよ。それが釈尊の生活なのよ。

●苦楽中道　極端な苦行と快楽を否定するなかに現れる智慧の境地で、釈尊の悟りの出発点。ただそのまま、普通に生きることを勧める教えではない。

里村　いや、釈尊は苦行を否定し、また、快楽も否定されました。

瀬戸内寂聴守護霊　まあ、阿房宮みたいな、ああいうのはちょっとやりすぎで、大奥《おおおく》もちょっと行きすぎ。あそこまで、私は肯定《こうてい》しているわけではないんだけども、「普通の世界でみんなが楽しくしてる。サラリーマンたちがアフターファイブには遊んでる世界が、真実の世界なんだ」と言っているだけなのよ。

釈尊《しゃくそん》を「民主主義の旗手《きしゅ》」として信頼《しんらい》している

里村　そのように、サラリーマン的な生活が、もし釈尊《しゃくそん》がつかんだものなら、なぜ二千五百年たっても、その教えに輝《かがや》きがあるのですか。

瀬戸内寂聴守護霊　だから、そういう人間が連綿《れんめん》と生まれ続けてるから、支持しているんじゃない？

里村　そんな生き方をした人は、浜《はま》の真砂《まさご》の数ぐらいいますよ。何十億と。

瀬戸内寂聴守護霊　そうそう。

里村　そのなかで、なぜ釈尊が輝いているのですか。

瀬戸内寂聴守護霊　だから、釈尊は民主主義的に生きたのよ。民主主義の代表なのよ。民衆の心をつかんだのよ。

斎藤　先ほど、釈尊について、「本当は迷いがある」とか、「本当は嘘《うそ》をついていて……」とか、「本当は煩悩《ぼんのう》が消えてなくて……」とかいうようなことをおっしゃっていましたが、やはり、釈尊は悟っていなかったんですか。

瀬戸内寂聴守護霊　だって、若いころ、あんなガリガリに痩《や》せて、骨が出て、血管まで浮《う》き出てるでしょ？　晩年はふくよかになって、太って、お腹《なか》が出て、布袋《ほてい》様の原型みたいになってるじゃない？

だから、食欲があったことは明らかじゃん。ねえ？

里村　ただ、それは、後世の仏像の描き方でしょう？

瀬戸内寂聴守護霊　それが、あんた、遊女の親玉みたいなのと付き合ってたりしてさあ。あれは、今で言ったら、銀座のマダムよねえ。銀座のマダムのいちばん売れっ子。キャバレーのオーナーと仲良くなったのよ。

里村　いやいや、時代によっては、ギリシャもそうですけれども、そういう立場の方は、「知識人の階級でもあった」という事実も忘れてはならないと思うんですよ。

瀬戸内寂聴守護霊　うーん。

斎藤　ということは、やはり釈尊に対して、あまり信頼を置いていないというか……。

瀬戸内寂聴守護霊　いや、そんなことはない。信頼《しんらい》してるわよ。あれは、民主主義の旗手《きしゅ》だと思ってる、私は。

里村　「民主主義の」ですか。いや、釈尊は仏教の開祖です。

瀬戸内寂聴守護霊　仏教は民主主義よ。

里村　釈尊は、「智慧《ちえ》」というものをつかんだ方ですよ。

瀬戸内寂聴守護霊　だから、天台宗《てんだいしゅう》っていうのが、仏教を民主主義に変えたのよ。

「魔即《まそく》仏」「仏即魔」が悟《さと》りの境地なのか

里村　それでは、少し〝角度〟を変えまして、例えば、釈尊は「●降魔成道《ごうまじょうどう》」をされましたが、「降魔」というお仕事については、どうお考えなんですか。

瀬戸内寂聴守護霊　まあ、あれは、後世の人がだいぶ脚色《きゃくしょく》して書いた〝戯曲《ぎきょく》〟だからねえ。

里村　つくりものですか。

瀬戸内寂聴守護霊　〝戯曲〟だからねえ。まあ、誰《だれ》が見たって〝フィクション〟じゃない？　だから、アニメに描きゃあ、面白《おもしろ》いのかもしれないけども、まあ、あんなのはありえない話じゃない？　どれもね。

●**降魔成道**　釈尊が菩提樹の下で瞑想していたときに魔が現れ、さまざまな誘惑や攻撃を仕掛けてきたが、釈尊はそれをことごとく打ち破り、悟りを開いた。

里村　つくりごとだと？

瀬戸内寂聴守護霊　まあ、それは、心のなかの葛藤《かっとう》を、そういう物語に仕立てただけで、私だったら、そらあ、簡単に書けちゃうわよ。

里村　書けますけれども、ご自身の体験として降魔というものはあると思っていますか。

瀬戸内寂聴守護霊　そんな「降魔」っていうんじゃなくて、やっぱり、「降魔」って思っているところがまだ間違《まちが》いなのよね。「魔を降《くだ》せる」と思ったところが間違いで、魔は降せないのよ。魔はねえ、自分自身なのよ。

斎藤　「魔が自分である」と？

瀬戸内寂聴守護霊　自分自身なので、「魔即《そく》仏」なのよ。「仏即魔」。これが悟りの境地なのよ。

斎藤　魔即仏……、(笑) ちょっと待ってください。ちょっと脳が……。

里村　ということは、あなたは、「魔」ですね？

瀬戸内寂聴守護霊　どういうこと？　「間抜《まぬ》け」と言ったんだったら、怒《おこ》るけど、何よ？　それはどういうこと？

里村　ということは、あなたも魔ということですね？

瀬戸内寂聴守護霊　それは分からないわ。

里村　だって、〝魔即仏〟？

斎藤　〝魔即仏〟って、どういう意味ですか。意味が分からないですよ。

瀬戸内寂聴守護霊　魔というのはだねえ、「迷い」を実体化したものが魔なのよ。だから、魔は迷いであるの。迷いがまた人間なのよ。人間の「我《が》」そのものが「迷い」なのよ。「迷いの人生」なのよ。「迷いの人生」が魔の生活そのものなのよ。だから、「魔即人間」なのよ。「人間即仏」なのよ。これが天台宗の教えなの。

斎藤　（苦笑）それが天台の教えですか。

瀬戸内寂聴守護霊　うん。

「欲のコントロール」を認めず、自己実現を強調

天雲　あなたにとって、その欲をコントロールすることが……。

瀬戸内寂聴守護霊　あんたは言い方が怖《こわ》いわあ、何だか。

天雲　あ、すみません。

瀬戸内寂聴守護霊　もしかして〝悪魔〟が憑《つ》いてんじゃない？

天雲　（苦笑）いいえ。あなたにとって、欲をコントロールすることは、地獄《じごく》に行くことですか。

瀬戸内寂聴守護霊　なんでコントロールしなきゃいけないのよ。何、それは駄目《だめ》よ。

「自己実現」こそ、人生の最高の秘儀《ひぎ》じゃないの？

天雲　では、欲を肯定すると天国に行けるんですか。

瀬戸内寂聴守護霊　煩悩の海のなかに生き、民主主義の世界のなかに生きながら、いかに自己を発揮するか。これが、やっぱり〝仏になる道〟なのよ。

天雲　欲をコントロールすることは無駄であると？

瀬戸内寂聴守護霊　コントロールなんて、なんでしなきゃいけない？

もちろん、野球のピッチャーはコントロールがうまければ給料が上がるから、それにはコントロールは必要よ。そういう世界もあることは事実だ。コントロールしなきゃね。

「反省は政府がするもので、民衆には必要ない」と主張

里村　実際に「あおぞら説法」とか、お伺《うかが》いしても、今、天雲のほうから言った、欲をコントロールすることとか、あるいは……。

瀬戸内寂聴守護霊　え？　〝天狗《てんぐ》〟さん？

里村　いえ、天雲です。欲をコントロールすること、あるいは、もっと言うと、「反省」という言葉や考えが、瀬戸内さんからは出てこないんですよね。

瀬戸内寂聴守護霊　反省っていうのは、政府がするものなのよ。政府が反省しなきゃいけない。そらあ、いつも。

斎藤　ご自身の反省はしないんですか。

瀬戸内寂聴守護霊　それはねえ、民衆は反省する必要がないのよ。政府を責めるのが仕事なんだから。

斎藤　「民衆」と「政府」の対立構図のようなものが、ものすごく強いですね。

瀬戸内寂聴守護霊　政府は反省しなきゃいけない。それはねえ、権力の座にある者は常に人々を、何て言うの？　圧殺していますからねえ。あるいは、粛清《しゅくせい》することもあれば、貧困《ひんこん》にすることもできれば、狂《くる》わせることも、刑務所《けいむしょ》に入れることも、命を奪《うば》うこともできるんだから。

権力にある者は常に反省させなきゃいけないから、その意味では、作家やジャーナリストたちは、権力にある者を批判し続けなきゃいけないわけよ。

だからねえ、それはちょっと違う。権力にある者が反省しなきゃいけない。私たち庶民《しょみん》は、もう反省なんか全然する必要はない。

7 「反原発」の本当の狙《ねら》いとは？

「津波《つなみ》による死者」と「原発による死者」を同じに考えている

里村　「反省」の部分について、もう少し突《つ》っ込《こ》みたいのですが、今、話が政府のほうへ行きました。なぜ、原発に反対していらっしゃるんですか。

瀬戸内寂聴守護霊　そらあ、命が惜《お》しい。命が惜しいじゃん。

里村　命が惜しい？

瀬戸内寂聴守護霊　当たり前じゃん。

里村　しかし、日本では、例えば、東日本大震災《だいしんさい》での原発の事故で死んだ人は一人もいませんよ。

瀬戸内寂聴守護霊　そんなことはないねえ。二万人近く死んだやん。

里村　それは津波《つなみ》です。

瀬戸内寂聴守護霊　まあ、だけど、原発も一緒《いっしょ》やん。

里村　いや、一緒じゃないです。

瀬戸内寂聴守護霊　いや、一緒なのよ。

里村　原発由来《ゆらい》の死亡事故はないんですよ。

瀬戸内寂聴守護霊　いやあ、やっぱり原発があるから、津波が来たのよ。

里村　いや、逆なんです。これは、日本の仏教界も勘違《かんちが》いして、「命を守る仏教だから、原発を止める」と言っていますが、原発を止めた結果、暑さや寒さで、もうすでに何百人、何千人と死んでいるんです。

瀬戸内寂聴守護霊　いや、私も寒いお寺で、電気毛布がなかなか使えないと、ほんとにねえ、足がリウマチになるわ。これは、ほんとにあれかねえ。

「反原発」「反戦争」「平和主義」は世界に誇《ほこ》る日本の理想？

斎藤　瀬戸内先生のですね……。

瀬戸内寂聴守護霊　「先生」と言った、また。うれしいわ。二回目ね、今日ね。

斎藤　いやいや。あるご著書で、「地震と津波というのは天災ですが、原子力発電、原発は人間がつくったので、人災《じんさい》だ。これは戦争と同じなんだ」というふうに言っておられました。

「これ（原発）は、本当に大変なんだ」ということで、そういう思想を持っておられると思っているんですけど……。

瀬戸内寂聴守護霊　素晴《すば》らしい、素晴らしい、素晴らしい。

斎藤　「原発即《そく》戦争」というのは、ちょっと言いすぎなんじゃないですか。

「脱原発」か「原発再稼動」か――各界識者の見解を問う

『「宮崎駿アニメ映画」創作の真相に迫る』（幸福の科学出版）

『大江健三郎に「脱原発」の核心を問う』（幸福の科学出版）

『核か、反核か――社会学者・清水幾太郎の霊言』（幸福の科学出版）

『アインシュタインの警告』（幸福の科学出版）

瀬戸内寂聴守護霊　もう、戦後の理想そのものじゃないの？　これはもう戦後の理想じゃない？　理想教育で、日本の理想で世界に誇《ほこ》るものは、もうこれしかないのよ。ねえ？　「反原発」はもちろん、「反戦争」「平和主義」、これが日本が世界に誇るものよ。〝文化遺産〟は、これしかなかったのよ。

斎藤　二〇一二年に経産省前でのハンストに参加されて……。

瀬戸内寂聴守護霊　日本という国がある理由。これが理由なのよ。

2012年5月、関西電力大飯原発の再稼働反対等を訴え、経済産業省前にテントを張って集団ハンストをするグループに加わる寂聴氏。テレビ局のインタビューに対し、「戦争で広島をやられて、長崎をやられて、その日本が、唯々諾々と原発を使っていることは非常に恥ずかしい」などと、原爆と原発を混同するコメントをした。

「平和を愛する諸民族」「仏教の大先輩《だいせんぱい》」という中国への評価

里村　でも、その戦後の日本が理想としたもので、まさに今、日本が危《あや》うい立場に立とうとしていることは、ご理解されていますよね？

瀬戸内寂聴守護霊　そんなことはない。

今の安倍《あべ》政権が日本を危うくして、諸外国から攻撃《こうげき》を受け、韓国《かんこく》からも、中国からも、北朝鮮《きたちょうせん》からも、米国からも攻撃を受けて孤立《こりつ》してねえ、孤立無援《むえん》になって、世界から浮《う》き上がると。もう平和で、ずーっと七十年間、延々と信用をつくり続けてきたのに、「やっぱり牙《きば》をむいて、もとの日本のオオカミに戻《もど》るんか」っちゅうんで、みんな、怖《こわ》がってるんじゃない？

里村　しかし、その状況《じょうきょう》をつくっているのは、もともと日本ではなくて中国ですよ。

瀬戸内寂聴守護霊　いや、中国は平和を愛する諸民族だから、そんなことはないよ。

里村　あなたは、中国が礼節の国だとか、いろいろな美しい誤解をずいぶんされていらっしゃるんです。

瀬戸内寂聴守護霊　まあ、仏教の先輩《せんぱい》、大先輩ですよ。中国なくして日本の天台宗《てんだいしゅう》はないんだから。

里村　その仏教を何度も何度も弾圧《だんあつ》したり、あるいは、近代においても「文化大革命」というかたちで、お寺を全部壊《こわ》していったのは、中国ですよ。

瀬戸内寂聴守護霊　うん。だけど、今は、繁栄《はんえい》しているじゃないの？　やっぱり正しい方向に向かってるじゃない？　ね？

戦前の日本の軍国主義に対するアレルギーがある

里村　先ほどから、ずっと「個人の人生」の問題について訊《き》いてきたんですけれども、「日本という国」も、その意味では、駄目《だめ》になってもいいのですか。つまり、この日本という国が存在しなくなってもよろしいとお考えですか。

瀬戸内寂聴守護霊　いや、あなたねえ……、私は、まあ、いちおう大正生まれなのよ。だから、先の戦争期に、いちおう大人になったというか、そういう経験をしていますからねえ。あなたがたと違ってね。

だから、そら、もう、いやあな時代を経験しましたよ。たまたまキリスト教系の学校を出ているので、まあちょっと宗教体験としては違うものもしてはいるけども、やっぱり戦争に反対してた宗教者たちが次々とだねえ、投獄《とうごく》されていじめられるのをいっぱい見てきたから。そういう国家における「軍国主義」やねえ、そういう「強圧的な政治」っていうのに対しては、極《きわ》めてアレルギーがあるのよ。

だから、やっぱり庶民《しょみん》に力を持たさなきゃいけないわけで、一人ひとりの平凡《へいぼん》な人たちに力を持たせとけば誤りはないのであって、「自分が特別な人間で、悟《さと》りすました人間だ」みたいなことを持たすと間違える。

宗教でも、やっぱり同じような間違いが起きるから、釈尊も庶民の一人でなければいけない。

「釈尊《しゃくそん》は性同一性障害の疑《うたが》いがある」という珍説《ちんせつ》を語る

里村　今、日本の話から、最後は釈尊《しゃくそん》の話に来ましたけれども、戻ります。むしろ、あなたが出家者《しゅっけしゃ》作家としてやっている仕事は、釈尊の悟り、釈尊を引きずり下ろそうとしているんじゃないですか。

瀬戸内寂聴守護霊　うーん……。釈尊の、何？　「仏の三十二相」っていうのがあるんだけども、面白《おもしろ》いのよねえ。なんかねえ、釈尊は男性器が折りたたみ式になったように隠《かく》れて、外へ出ないようになってて、ご開陳《かいちん》しないと出てこないようになってる。

●仏の三十二相　眉間の白毛（白毫相）や頭頂部が隆起している（頂髻相）など、仏の身体に備わっているとされる三十二種類の特徴。

だから、御本尊《ごほんぞん》の開陳みたいな感じになってて、普段《ふだん》は見えないようになってたって。だから、あれはどうもねえ、ちょっと「性同一性障害」の疑《うたが》いがあるわねえ。

里村　どういう見方をされているんですか……。

斎藤　「仏の三十二相」から、釈尊を「性同一性障害」と理解されたと。本当にそう思っている人は一人もいないと思われますけどもね。

瀬戸内寂聴守護霊　外から見たら、ちょっと男性か女性か分からないわねえ。だから、ちょっとあれだけど……。

「もしかして、釈尊は性同一性障害では」っていう疑いがあるのよ。子供を産ませて、最後、一人できたことになってるけど、奥《おく》さんを四人もらってねえ、子供が一人……。十五年もずーっとできなくてねえ、最後に一人できて、生まれて、出家したことになるけど、誰《だれ》の子か分からないわねえ、あんなのねえ。実際は。

里村　いや、今日は、すごく本音が出ていらっしゃると思うんですけど。

瀬戸内寂聴守護霊　もしかしたら違う。もしかしたら、もしかしたら、彼は性同一性障害で、男性か女性か、自分が分からないで、〝迷いの旅〟に出た可能性がある。

斎藤　それは「新説」じゃないですか。

瀬戸内寂聴守護霊　珍説だね。

里村　珍説ですね。

瀬戸内寂聴守護霊　珍説です。珍説ですけど、でも、あの「仏の三十二相」はちょっと気になる。やっぱり。

里村　やや、お話がですね……。

瀬戸内寂聴守護霊　あなたがたの性器っていうのは、折りたたみ式になって、隠れて見えないようになってる?

里村　バカなことを……(苦笑)。

瀬戸内寂聴守護霊　「バカなこと言うな」と言いたかった?　これはねえ、カットしてはいけないんです。

里村　いや、むしろ出すべきですね。

瀬戸内寂聴守護霊　いちばん大事な大事な大事な論点だから。

「ノーベル文学賞」をぶら下げて、あの世へ還《かえ》りたい

里村　お話を聴《き》いていますと、少しフロイトさんに似ていますね。

瀬戸内寂聴守護霊　そう？

里村　人間のすべてが、結局、「性愛」のところに行っています。

瀬戸内寂聴守護霊　いやあ、私、そんなにうぬぼれてるつもりないんだけどねえ。「二十世紀の世界の四人の天才のうちの一人と言われてるフロイトに似ている」って？　ああ、そう？

2012年2月、精神分析学者のフロイトを招霊した際、フロイトは、さまざまな話題を強引に性的な内容へと結びつける発言を乱発した。
（『フロイトの霊言』〔幸福の科学出版〕参照）

里村　すべてが、結局、「性愛的」なところに行くんです。

瀬戸内寂聴守護霊　あなたって、善人なのねえ。

里村　じゃあ、もっと〝どす黒いもの〟ですか。

瀬戸内寂聴守護霊　もう、私はノーベル賞級なのかもしらん、もしかしたら。

斎藤　ノーベル賞と言えば、作家の大江健三郎《おおえけんざぶろう》さんが「原発反対」です。

瀬戸内寂聴守護霊　いいねえ。私もノーベル賞が欲《ほ》しいのよ。

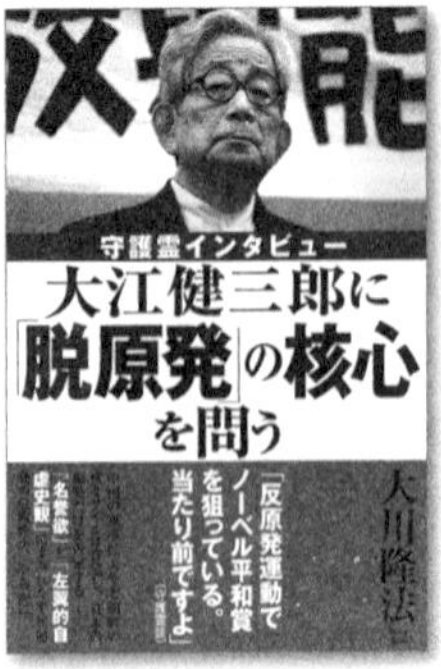

大江健三郎《おおえけんざぶろう》（1935 ～）
日本の小説家、評論家。東京大学文学部フランス文学科卒。東大在学中に「飼育」で芥川賞を受賞。以後、数々の文学賞を受賞し、1994 年には日本人として２人目のノーベル文学賞を受賞。東日本大震災以降は、脱原発運動のリーダーとして、デモ活動や反対集会等を主導。その真意を守護霊に訊いたところ、ノーベル平和賞受賞を狙っていることが明かされた。

斎藤　お知り合いなんですかね？

瀬戸内寂聴守護霊　ノーベル文学賞が欲しいのよ。

斎藤　お知り合いというか、仲が良いんですか。

瀬戸内寂聴守護霊　欲しい！　欲しい！　だから、「反原発」を言ってんの。

斎藤　あ！　だから、反原発なの？

瀬戸内寂聴守護霊　最後、あれをもらって、あの世へ還《かえ》りたいわあ。ノーベル文学賞をぶら下げてねえ、あなた、地獄へ行くわけないでしょう？　幾《いく》ら何でも。

斎藤　では、大江健三郎さんとは、つながりがあるんですか。作家友達で？

瀬戸内寂聴守護霊　まあ、それは、政治的には見解が一緒だから。少なくともね。政治的な見解は一緒だからね。書く作風は違うとは思うけども。

斎藤　「最終的にはノーベル文学賞が欲しい」ということですかね？

瀬戸内寂聴守護霊　欲しいわあ。運動してくれなぁい？

斎藤　それで〝頑張《がんば》って〟、「反原発」をやったんですか。

2012年7月、大江健三郎氏（左）等の呼びかけで行われた東京・代々木公園での反原発集会に寂聴氏も参加。

瀬戸内寂聴守護霊　あなた、北欧《ほくおう》のほうを伝道できてないの？　おたくの宗教。「称賛《しょうさん》」によって苦しみが癒《い》えれば〝解脱《げだつ》〟できる？

里村　結局、「悟り」よりも、この世的な「賞」とか、そういうものにすごくご関心が強い？

瀬戸内寂聴守護霊　そりゃあ、やっぱり、苦しみを癒《いや》す一つの、何と言うの？　〝薬〟よね？　〝頓服《とんぷく》〟よ。

里村　いや、苦しみを癒すのが「悟り」なんです。

瀬戸内寂聴守護霊　うん？　だって、苦しみを癒すのは「受賞」じゃない？　何を言っているの？

斎藤　「苦しみを癒すのは受賞」ということは、称賛《しょうさん》を頂いたら、苦しみが取れるんですか。

瀬戸内寂聴守護霊　（拍手《はくしゅ》をする）受賞だし、みんなの拍手だし、称賛だし、人気なのよ。

斎藤　それが、〝解脱《げだつ》〟ですか。

瀬戸内寂聴守護霊　それが〝解脱〟でしょ？　そのとおりです。

斎藤　なるほど。人から認められることが〝解脱〟であると？

瀬戸内寂聴守護霊　そういうこと。多くの人に称賛をされると、苦しみは癒《い》える。釈尊も称賛されたから、苦しみが癒えたのよ。

斎藤　なるほど。そういう考えなんですね。

瀬戸内寂聴守護霊　「性同一性障害」の苦しみを乗り越《こ》えて、最後には仏になったのよ。

里村　やはり、出家の動機もそこですね？

斎藤　ああ……。

瀬戸内寂聴守護霊　え？　誰が？　何が？　何が？　何が……。

里村　出家の動機も、やはり「称賛」ですか。

瀬戸内寂聴守護霊　私？　私？　私？

里村　はい。称賛を。

瀬戸内寂聴守護霊　うーん、まあ、「一人にして二つの人生を生きる」って、やっぱり大きなことじゃないですか。

里村　いやいやいや（苦笑）、そうではなく、称賛というものを、寂聴さんは俗世間《ぞくせけん》から……。

瀬戸内寂聴守護霊　やっぱりねえ、〝仏像〟の本質は、苦楽中道《くらくちゅうどう》にあったわけやからねえ。比叡山《ひえいざん》の「苦しい修行《しゅぎょう》」と、色情《しきじょう》……、いや、色情じゃない、エロ、エロ……、エロじゃない、あの、恋愛《れんあい》小説を書く、その「快楽の世界」と、この二つを合わせたなかに〝悟り〟が見えるんじゃないかなあ。

8　寂聴版『源氏《げんじ》物語』もノーベル賞狙《ねら》い？

「『源氏《げんじ》物語』を書いた」と言って、紫式部《むらさきしきぶ》の名を騙《かた》る

斎藤　今、思想の中心の柱としては、「仏教」、「お釈迦《しゃか》様」というところがありましたけれども、もう一つ、瀬戸内寂聴さんの作風を見ていて、特徴《とくちょう》的なものに『源氏《げんじ》物語』があります。

瀬戸内寂聴守護霊　今、生きてたら、ノーベル文学賞でしょう？　ねえ？　紫式部《むらさきしきぶ》だって世界に誇《ほこ》る大小説家でしょ？

斎藤　そうですね。「世界最古の長編小説」とも言われますからね。
瀬戸内寂聴さんは、『源氏物語』を現代語訳で、非常に名文で書いておられます。

全集もできており、『源氏物語』もあなたの思想の核《かく》にあると思いますけれども、どう見ていらっしゃいますか。

瀬戸内寂聴守護霊　いや、（平安時代の原典の）『源氏物語』は、私が書いたもんだから。

斎藤　何を言ってますか！　いや、いけない、いけない（笑）。本音が出ちゃって、すみません。言ってもいいんですけど。

瀬戸内寂聴守護霊　いいでしょ？

斎藤　いいですけど……。

瀬戸内寂聴守護霊　いいでしょ？

斎藤　でも、本当に、そうなんですか。

瀬戸内寂聴守護霊　私ぐらいでなきゃ書けないでしょ？　あんなものは。

里村　いや、それは、にわかには信じがたいですね。

瀬戸内寂聴守護霊　世界最先端《せんたん》の長編小説、最初の長編小説を書いた。こういう名誉《めいよ》を一つ欲《ほ》しいね。

斎藤　質問！　（挙手する）はいっ！

瀬戸内寂聴守護霊　はい。

斎藤　いいですか。でも、「紫式部は嫌《きら》い」と言っていたじゃないですか（苦笑）。「私は嫌いです」と。

瀬戸内寂聴守護霊　「紫式部は地獄《じごく》へ堕《お》ちたか」ってなあ。これはもう噂《うわさ》になってるわねえ。

斎藤　雑誌の鼎談《ていだん》でも「紫式部は嫌いです」と言っていましたよ。

瀬戸内寂聴守護霊　百年後、〝あれ〟でも書かれてるからねえ（注。『源氏物語』の約百年後に書かれた『今鏡《いまかがみ》』には、『源氏物語』を書いた紫式部が妄語戒《もうごかい》によって地獄に堕ちたとする、当時の風説が出てくる）。

斎藤　なぜ、それが自分なんですか。

瀬戸内寂聴守護霊　いやあ……。

斎藤　紫式部が嫌いなのに、たくさん書いている。これは、どういうことですか。

瀬戸内寂聴守護霊　嫌いなのに書くわけないじゃない？　それはやっぱり乗り移ったんでしょうねえ。

斎藤　誰《だれ》が。

瀬戸内寂聴守護霊　だって、私が乗り移って書かせたんでしょう。

平安中期の女官、紫式部が書いた『源氏物語』は、全54帖からなる長編小説。主人公・光源氏の愛の遍歴を中心に描かれている。（上：『源氏物語絵巻』）

里村　「紫式部に」ですか。

瀬戸内寂聴守護霊　いや、紫式部が私（守護霊）だとしたら、私が寂聴に乗り移って書かせたんでしょ？　仏教修行《しゅぎょう》をやってる人じゃないと書けるわけがないじゃないですか？　あんな翻訳《ほんやく》が。

著作に『源氏《げんじ》物語』のような「美しさ」がない理由

里村　ただ、紫式部の源氏《げんじ》物語には、「美しさ」というものが、同時にあります。ただ、申し訳ないですけども、あなたの作品の『爛《らん》』を読んでも「美しさ」というところは全然出てこないですよ。

瀬戸内寂聴守護霊　うーん、そっちから来たかあ。

里村　〝ドロドロ〟したものしか出てこないですよね。

瀬戸内寂聴守護霊　（舌打ち）そっちから来たか。

私は、やっぱり、ちょっとねえ、頭がよすぎたのよ。少々ねえ。そういう難しいことを考えすぎたので、仏典《ぶってん》を読みすぎたしねえ。

だから、そういう教学をやりすぎたために、ちょっとそういうねえ、何て言うかねえ、もう、感情の世界だけで生きるのは、ちょっと無理になったのねえ。頭が少しよすぎたのかなあ。

里村　いや、教学をし、修行をしていけば、むしろ、透明《とうめい》な澄《す》んだ世界に行きます。

瀬戸内寂聴守護霊　いや、そんな保証はないわよ。親鸞《しんらん》なんか勉強をすれば勉強をするほど煩悩《ぼんのう》が募《つの》って、「やりたい、やりたい」になっちゃったんだから。

里村　瀬戸内先生の作品からは、ドロドロしたものしか見えてこないですね。

瀬戸内寂聴守護霊　それはねえ、天台宗《てんだいしゅう》でちゃんと勉強をしなかったから。親鸞が「やりたい、やりたい」っていう気持ちになったのは、回峰行《かいほうぎょう》をやらなかったからなのよ。回峰行をやったら、くたびれ果てて、もう、できん。〝その気〟がなくなるのよ。それで抑《おさ》えることはできたのよ。ねえ？

里村　でも、ご自分もされていませんからね。あまり人の修行についてはおっしゃらないほうが……。

瀬戸内寂聴守護霊　いや、ちょっとは歩いたことがあるのよ、山ぐらいは。比叡山《ひえいざん》ぐらいは、ちょっとは。

里村　いや、ちょっと待ってください。話を戻《もど》しますね。

紫式部が描いた世界には、確かにエロティックな部分がありますけれども、世界観において、全然違《ちが》います。あなたのほうはドロドロしています。やはり、そのへんが、あなたの今いらっしゃる世界、あるいは、〝出身地〟を物語っているのではないですか。

瀬戸内寂聴守護霊　とにかく、ノーベル文学賞を欲しいの！（机を叩《たた》く）くださ
い！

斎藤　（苦笑）それは執着《しゅうちゃく》じゃないですか。

瀬戸内寂聴守護霊　これをもらわないと、あの世へ還《かえ》れないの！（机を何度も叩く）

斎藤　それじゃまるで、わがままのだだっ子みたいですよ。執着そのものじゃないですか。

瀬戸内寂聴守護霊　欲しいの！　百歳《さい》までにちょうだい！

「平安時代」の転生《てんしょう》について追及《ついきゅう》する

里村　やはり、「魂《たましい》の生地《きじ》」の部分に、触《ふ》れられたくないんですか。

斎藤　さっき、話に出てきた山崎豊子《やまさきとよこ》さんは、『白い巨塔《きょとう》』などの作品がありますが、この方は大川隆法総裁による霊言《れいげん》で、「過去世《かこぜ》が女流歌人の赤染衛門《あかぞめえもん》で、『栄花《えいが》物語』を書いた作者だ」ということが判明しております（前掲《ぜんけい》『山崎豊子 死後第一声』参照）。

瀬戸内寂聴守護霊　紫式部のほうが上には、ちょっと……。

斎藤　あともう一人、ニュースキャスターの国谷裕子《くにやひろこ》さんも過去世は清少納言《せいしょうなごん》ということが、霊査《れいさ》で判明しています（前掲『クローズアップ国谷裕子キャスター』参照）。

瀬戸内寂聴守護霊　ああ、いやらしい、あの才女を衒《てら》う人ね？

●赤染衛門〈956 頃～ 1041〉平安時代中期の女流歌人。紫式部や清少納言とも親交があり、その穏健にして典雅な歌風の和歌は百人一首等にも採録されている。
●清少納言〈966 頃～ 1025 頃〉平安時代中期の女流作家、歌人。一条天皇の皇后・中宮定子に仕えた。日本三大随筆の一つとされる『枕草子』を執筆した。

斎藤　平安時代の『源氏物語』に、そこまで執着されたというか、テーマを設定されているということは、「平安時代にもご関心はあるのかな」ということが推察されるのですけれども、紫式部については少し置いといて、平安時代にはいたんですよね？

瀬戸内寂聴守護霊　じゃあ……、最澄《さいちょう》だったのかなあ。じゃ、男にしよっかなあ。

斎藤　（苦笑）いや、急に。

里村　「じゃあ」という話じゃないですけれども。私は、それより紫式部さんに嫉妬《しっと》していた方のような……。

瀬戸内寂聴守護霊　いやあ、そんな人は、いっぱいいただろうねえ。

斎藤　インタビューで、「和泉式部《いずみしきぶ》は好きだ」と言ってましたよ。

瀬戸内寂聴守護霊　ふーん……。まあ、私は謙虚《けんきょ》だからねえ。紫式部より和泉式部を言っといたほうが謙遜《けんそん》に見えるからねえ。

『源氏《げんじ》物語』現代語訳の本当の狙《ねら》いとは

斎藤　いや。そんな簡単に決めないでください（笑）。やはり、紫式部に嫉妬していましたか。

瀬戸内寂聴守護霊　うーん……。

斎藤　本当のことを言えば嫉妬している？

瀬戸内寂聴守護霊　いやあ、昔の人だから、そんなん、全然、嫉妬なんかしてないよ。

●和泉式部〈978頃〉平安時代中期の女流歌人。中宮彰子の女房として仕え、紫式部の同僚。恋愛遍歴が多く、情熱的で大胆な歌風で知られる。

現代……。

斎藤 「昔の人」と言いますが、今、『源氏物語《げんじ》』という、ずいぶん昔の、千数百年前の話をたくさん書いているじゃないですか。逃《に》げないでください。

瀬戸内寂聴守護霊 まあ、世界的には（『源氏物語』は）難しいからね。それを分かりやすく書くことで……。

いやあ、あれは「ノーベル文学賞狙《ねら》い」なのよ（机を叩く）。分かる？

斎藤 「ノーベル文学賞狙い」で書いたのですか。それで『源氏物語』を選んだのですか。

瀬戸内寂聴守護霊 うん、そうそう。日本を代表する小説で、（作者が）女性だから。

斎藤 それが動機ですか。平安時代が好きなのではなくて、ノーベル文学賞が取りたかった?

瀬戸内寂聴守護霊　やっぱりねえ、ノーベル文学賞で(机を一回叩く)、世界に先駆《さきが》けてね。

いや、日本のためにもなることじゃない? 『永遠の0《ゼロ》』みたいなのが流行《はや》ってるけど(机を叩く)、あんなので日本を(世界に)広めちゃ駄目《だめ》なのよ。やっぱりね、『源氏物語』って、世界最初の長編エロ小説だから……。

斎藤　ちょっと待ってください。〝長編エロ小説〟って、ご自身の取り組むテーマに対して、すごい言い方をされますね。

瀬戸内寂聴守護霊　やっぱり、それが、日本を世界に知ってもらうには、いちばんいいことですからねえ。

●『永遠の0』　百田尚樹による小説。太平洋戦争時、優秀な零戦乗りだった祖父が特攻隊に志願した謎を、孫が追っていく物語。第6回本屋大賞5位。2013年には累計400万部を超えるとともに、実写映画化され、大ヒットした。

斎藤　ああ。世界を対象にしていたんですか。

瀬戸内寂聴守護霊　うーん。「日本にはサロン文化があったんだ」と。「釈尊《しゃくそん》は名声が欲《ほ》しくて出家《しゅっけ》した」という驚《おどろ》くべき解釈《かいしゃく》

里村　あなたは、もうとにかく名声が欲《ほ》しいんですね。今日の冒頭《ぼうとう》からそうですが、ずっと一貫《いっかん》して欲しがっているものは「名声」なんです。

瀬戸内寂聴守護霊　それはそうでしょう？

斎藤　「それはそうでしょう」ですか。

瀬戸内寂聴守護霊　釈尊《しゃくそん》だって、名声が欲しくて出家《しゅっけ》したんじゃない？　なーに言ってんのよ。

里村　ちょっと待ってください。

瀬戸内寂聴守護霊　うん？

斎藤　「釈尊は名声が欲しくて出家した」？

里村　それはどういう見方ですか。

瀬戸内寂聴守護霊　だって、あんな小国で、潰《つぶ》されるのは目に見えて分かっていて、戦って殺されるのが嫌《いや》だから逃げたんじゃない？　出家してお坊《ぼう》さんになったら殺されないで済むから。それで、「名声」のほうに逃げた。

「戦って勝つことで得られる名声」じゃなくて、違うほうの、「平和に命を生きながらえて名声」を得る方向を選んだわけで、この釈尊の動きは、「反原発運動」なんかと同じじゃない？

里村　釈尊と「反原発」とでは、すごい飛躍《ひやく》なのですが。

斎藤　釈尊が、「反原発」と同じ？

里村　では、例えば、「四門出遊《しもんしゅつゆう》」という釈尊の有名な物語がありますが、あなたはそれを、どう思われているんですか。

瀬戸内寂聴守護霊　あんたねえ、あの「生《しょう》・老《ろう》・病《びょう》・死《し》」を二十九歳までねえ……。まあ、そうか。最後、子供が生まれたときに「生まれる苦しみ」をちょっと見たかもしらんけども、「老《お》いる苦しみ」「病《やまい》の苦しみ」、あと、「死ぬ苦しみ」のこれらを、二十九歳まで知らんかったっていうのは、もう、超《ちょう》低能ですよ。はっきり言えば。

●四門出遊　出家前の釈尊が、王宮の東門で老人、南門で病人、西門で死人と出会って人生の現実を知り、北門で修行者と出会って出家を決意したという伝説。

斎藤　釈尊が低能だと？

瀬戸内寂聴守護霊　ああ、低能ですよ。もし、そうだったらねえ。だから、あれは、書いた人が、低級な人を相手に「騙《だま》しのテクニック」で書いたんであって、あんたねえ、二十九歳までそんなことが分からないで、急にそれを知って、無常を感じて出家するなんて、絶対ありえない！　ありえない！

里村　では、釈尊は、名声を求めて出家したと？

瀬戸内寂聴守護霊　そのとおりです。「生命の安全」と「名声」を求めて出家した。

斎藤　釈尊は「逃げた」ということですか。

瀬戸内寂聴守護霊　そういうことです。だって、実際、滅《ほろ》びてるじゃん、釈迦《しゃか》族。滅びてんじゃん。だから……。

斎藤　ものすごい見方をしていますね……。

瀬戸内寂聴守護霊　いやあ、だから、逃げて、やっぱり、仲間内のやつは一緒《いっしょ》に引きずり込《こ》んで、釈尊は釈迦族の若者、青年を……。

斎藤　引きずり込んだ？　引きずり込んだあとは出家させたんですか。

瀬戸内寂聴守護霊　ええ。引っ張って、「おまえらも逃げろ、逃げろ」と、「原発は危ないから、原発から離《はな》れろ」と、こういうことを言ってたのよ。

「巨大《きょだい》な理想国家・中国」の統治で日本が平和な国になる？

里村　あなたね、「仏帰依《ぶつきえ》」を言って出家している人間として、今、とんでもないことを言っているということ自覚はありますか？

瀬戸内寂聴守護霊　な、どういう、どういうこと？　平和主義なのに、なんで？　何がとんでもないの？

里村　いや、「釈尊が逃げた」とか、「命惜《お》しさ」とか……。

瀬戸内寂聴守護霊　「戦争反対」「平和主義」で、「この世の命は全《まっと》うしましょう」と。それで、「民衆に力を」というのは、これはものすごい、世界の理想じゃない？

里村　冗談《じょうだん》じゃない。「戦争反対」と言って、結果的に、その言葉、運動が、多くの国民の命を奪《うば》うことになっていくんですよ。

瀬戸内寂聴守護霊　そんなの分からないよ。そんな……。

里村　「平和主義」「戦争反対主義」は、むしろ、殺生《せっしょう》を戒《いまし》めている「殺生戒《かい》」に反するんですよ。

瀬戸内寂聴守護霊　なーによ。中国っていうのは、日本から見ても巨大《きょだい》な理想国家なんですから、「中国に日本を治めてもらう」っていうので、本当に〝平和な国家〟ができるのよ。

里村　中国が巨大な理想国家？　今、現在の中華《ちゅうか》人民共和国が？

瀬戸内寂聴守護霊　そらあ、そうですよ。もう、中国なくして日本の仏教なんてないんですか

仏教の平和思想と善悪の考え方

仏教には「殺すなかれ」という戒律があり、仏教徒は基本的に平和主義者だが、かつて釈迦国は、隣国の侵略に対して無抵抗だったため、国自体が滅亡してしまった。

『忍耐の法』
（幸福の科学出版）

『国を守る宗教の力』
（幸福実現党）

仏教の平和思想が悪いほうにいけば、虐殺や暴虐を呼び込むおそれがあるが、平和とは、悪に黙って支配されることではない。本来、仏教では、「善を推し進め、悪を押しとどめる」（諸悪莫作、衆善奉行）という考えが基本であり、「平和主義」の名のもとに、増長する悪の勢力を止められないのもまた悪である。

ら。朝鮮《ちょうせん》半島も大事だし、非常に大事な国家よ。

里村　その中国によって、瀬戸内さんも大事にされている「言論の自由」を抑え込められ、あるいは、日本人の「命」が奪われることになるわけですが、それについてはどう捉《とら》えますか。

瀬戸内寂聴守護霊　そんなことはないわよ。それは、あなたがたの言論は抑圧《よくあつ》されるでしょうけども、私の言論は抑圧されないから。大丈夫《だいじょうぶ》、大丈夫。

里村　いや、たぶん、〝危険文学〟として、すぐに発禁《はっきん》になりますよ。

瀬戸内寂聴守護霊　そんなはずはないですよ。どうせ、中国人だって、好きなものは好きなんだから。うん、絶対に。

9 「最澄《さいちょう》と夫婦《ふうふ》だった」と繰《く》り返す

「大川隆法を何とかしろ」と最澄《さいちょう》から指導を受けているか

斎藤　今、いろいろとお話を縷々《るる》伺《うかが》った思想の奥《おく》を、さらに調査したいのですが。

瀬戸内寂聴守護霊　あんたがたの勉強量で大丈夫《だいじょうぶ》かなあ。

斎藤　いや。以前、大川隆法総裁が、最澄《さいちょう》の霊《れい》をお呼びしました。

瀬戸内寂聴守護霊　あ、そう？　出てるのか。

2012年11月に最澄の霊言を収録。（『不成仏の原理』〔幸福の科学出版〕参照）

斎藤　ええ。そのとき、霊言《れいげん》の後半のほうで最澄が……。

瀬戸内寂聴守護霊　（舌打ち）惜《お》しかった。私と人格は違《ちご》うてた？

斎藤　え？

瀬戸内寂聴守護霊　違うてた？　じゃあ、（過去世《かこぜ》が）最澄って言えないな。

斎藤　ええ。そうなんですよ。違うんですよ（笑）。

瀬戸内寂聴守護霊　違うのかあ。

斎藤　最澄が言うには、「私は瀬戸内寂聴を指導している」ということでした。

瀬戸内寂聴守護霊　あ！　そう！　そうなんですよ。なんかねえ、ときどき、一体の気がするんですよ。

斎藤　一体の気がする？

瀬戸内寂聴守護霊　うーん。一体。最澄とねえ、もう……、セックスしているような気がする。

斎藤　いや（苦笑）。それで、さらに、最澄が言葉を続けて言うには、「大川隆法を何とかしろ」と言っていると。

最澄（767 ～ 822）
平安時代の僧。日本天台宗の開祖。14 歳で出家し、のち比叡山に入って草庵を結び、各種仏典を研究した結果、「何人も仏になれる」という一乗思想に到達し、新教団の設立に取りかかる。空海と同時期に入唐し、翌年帰国。806 年に天台法華宗として独立し、南都仏教界と烈しい論争（三一権実論争や大乗戒壇の独立運動など）を演じた。

瀬戸内寂聴守護霊　あ？　「何とかしろ」ってどういうこと？

斎藤　はい。だから、瀬戸内寂聴に対し、「大川隆法を何とかしろ」と……。

瀬戸内寂聴守護霊　「何とかしろ」って……。「何とかしろ」って言ったって、私のほうが勝《か》ってるから、何にもする必要はないじゃん。私は、もう完全に勝ってる。私のほうが完全に勝ってるんだから。

斎藤　いや。その感覚といいますか、手触《てざわ》り的に、何か、そういうインスピレーションなどは……。

瀬戸内寂聴守護霊　ええ？　もう私は、テレビだって新聞だって出《で》放題だし、賞はもらえるし、日本的に称賛《しょうさん》を受けているんだから。

斎藤　ええ、しかし……。

瀬戸内寂聴守護霊　大川隆法は、そりゃあ、みんなが〝抹殺《まっさつ》〟してるんだから。

里村　そうしましたら、同じ徳島県出身の先輩《せんぱい》として、もう少し、後輩のために何かされてもよろしいのではないですか。

斎藤　そうですよ。

瀬戸内寂聴守護霊　何言ってんのよ。文学は競争の世界なんだ。

里村　競争？

瀬戸内寂聴守護霊　蹴落《けお》とさなきゃ駄目《だめ》なのよ。

「宗教の本質は洗脳」と断言する瀬戸内寂聴氏守護霊

斎藤　瀬戸内寂聴さんが、大川隆法総裁について唯一《ゆいいつ》コメントしているものがあるのですが、そこでは、「連合赤軍とオウム真理教」というタイトルの文章で、「自分のことを釈迦《しゃか》の生まれ変わりと言って恥《は》じない幸福の科学の教祖と同レベルの神経である」ということを言って、麻原彰晃《あさはらしょうこう》と対置《たいち》させているんですよ。

瀬戸内寂聴守護霊　ほう……。

斎藤　とんでもない話なんですが、「麻原彰晃と幸福の科学の教祖は同じレベルの神経なのだ」と、このように書いているんですよ。

瀬戸内寂聴守護霊　そうなんじゃないの？　何？　何？　どこが違うの？

斎藤　え？　「どこが違う」って、本当にそう思っているんですか。

瀬戸内寂聴守護霊　だって、麻原も、「釈迦の生まれ変わりだ」とか言って、それで大川にちょっと負け始めたら、「キリストの生まれ変わりだ」とか言い始めたり、「シヴァ神の生まれ変わりだ」とか、変なことをいろいろ言ってた。同じじゃん。言ってることは一緒《いっしょ》でしょ？

里村　いやいや。全然違います。

瀬戸内寂聴守護霊　文鮮明《ぶんせんめい》は「キリストの生ま

オウムや統一協会――新宗教教団の違いや問題点を考える

『宗教学から観た「幸福の科学」学・入門』(幸福の科学出版)

『宗教決断の時代』
(幸福の科学出版)

れ変わり」。一緒じゃん。みんな一緒だ。

斎藤　これは、最澄からのインスピレーションと……。

瀬戸内寂聴守護霊　あんたねえ、宗教っていうのは、基本的に「洗脳」なんですからねえ。

斎藤　「宗教は洗脳である」と？

瀬戸内寂聴守護霊　うん。宗教って、洗脳なのよ。それについては認めるよ。だから、オウム真理教も、幸福の科学も、統一協会も、日本天台宗《てんだいしゅう》も、全部、洗脳です。宗教っていうのは、本質は洗脳なんです。洗脳のことを「伝道」と言ったり、「布教《ふきょう》」と言ったりしてるのよ。だから、それは一緒なのよ。

幸福の科学に対する強い嫌悪《けんお》感

里村　ただ、あなたの見識は、「宗教のまねごとをして、結果的には現実に負け、そして軍事テロに走った団体」と「教えを中心として広げて、人を幸福にする宗教団体」との区別が、まったくついていないんです。

瀬戸内寂聴守護霊　いや、あのねえ、あんたがたのほうが、オウムよりもう一段悪質なのよ。

里村　どういうことですか。

瀬戸内寂聴守護霊　オウムは、自分たちの「悪」が露見《ろけん》するような直線的な行動を……。まあ、要するにあれは、アルカイダのテロみたいな組織で

アルカイダの精神的指導者、オサマ・ビン・ラディンの霊言を収録。『イスラム過激派に正義はあるのか』(幸福の科学出版)

すよね？

里村　ええ。

瀬戸内寂聴守護霊　あなたがたはアルカイダのテロじゃないんですよ。

里村　ほう。

瀬戸内寂聴守護霊　巨大《きょだい》軍事国家をつくって、丸ごと戦争を起こして、国を不幸にしようとする、〝もう一段大きな悪〟を持ってるんですよ。

里村　冗談《じょうだん》じゃありません。それは、今、中国がやろうとしていることですよ。

瀬戸内寂聴守護霊　そんなことはない。中国は平和を愛してたの。最近、アメリカの脅威《きょうい》を感じて、ちょっと防衛しようとしてんじゃん。

里村　同じことをもう一度言いますけども、私どもは、思想によって、日本人の命を、いや、日本人だけじゃありません。中国人も守るために、戦争が起きないようにと必要なことを言っているんです。

瀬戸内寂聴守護霊　日本国憲法を頭から否定するようなねえ、そんなインチキ法学部の卒業生が宗教家になってまねごとをしたって、騙《だま》されないわよ！

複雑な現代社会における仏教のあり方とは

里村　日本国憲法のなかに、仏教的に言うと、相手の悪を引き出すような要素があるんですよね。

瀬戸内寂聴守護霊　うん？　何？

里村　日本国憲法のなかに、相手の悪を引き出してしまう要素があるんですよ。

瀬戸内寂聴守護霊　いや。それは被害妄想《ひがいもうそう》。被害妄想よ。

里村　それで、地上の瀬戸内さんも、最近、「要するに、仏教のポイントを簡単に言うと、『悪いことをしない。いいことをしましょう』ということだ」とおっしゃっているんです。

瀬戸内寂聴守護霊　おお……。そのとおり。「私をモデルにしてそういうふうに生きなさい」と。悪いことを押《お》しとどめてね。

里村　ですから、それを、現代の複雑な政治経済社会のなかで言うと、「相手に悪を犯《おか》させない」ことも、仏教や、あるいは宗教全体の大事な役割なんです。

瀬戸内寂聴守護霊　そんな偉《えら》そうな立場に立っちゃいけないのよ。日本が犯した戦前の罪の深さを知ったら、そんなことはねえ、もう、あと千年は言っちゃいけない。

里村　私は、その、「はたして日本の罪がいかなるものか」ということに関しては、大いに異論があるのですが、話すと長くなるので、ここでは議論しません。

作家・百田尚樹《ひゃくたなおき》氏に対する強い嫉妬《しっと》心

瀬戸内寂聴守護霊　だけど、そのタカ派路線で、「永遠の0《ゼロ》」(の映画)も始めて、いっぱいウワアッと……、あれは、私もちょっと嫉妬《しっと》してんだけど。

里村　嫉妬されていますね？

瀬戸内寂聴守護霊　うん。売れすぎてるから。

斎藤　嫉妬をしていますか。

瀬戸内寂聴守護霊　売れすぎて、映画もヒットしすぎたよ。

里村　（小説の）累積《るいせき》売上が四百万部を超《こ》えましたからね。

瀬戸内寂聴守護霊　ちょっと、若干《じゃっかん》、〝来る〟ねえ。

斎藤　嫉妬していますか。

瀬戸内寂聴守護霊　〝来る〟〝来る〟〝来る〟。

斎藤　ええ。嫉妬していますか。

瀬戸内寂聴守護霊　ガーッと〝来る〟。

斎藤　ああ。嫉妬している？

瀬戸内寂聴守護霊　ああいうねえ、〝間違った思想文学〟が流行《はや》って、すぐに首相の友達になって対談したり、出たりするの、ああいうのはちょっと腹立つねえ。頭に撃《う》ち込《こ》みたいな、バシッと。

里村　でも、あなたも、元首相の応援《おうえん》に行ったじゃないですか。都知事選で、元首相の応援に行って、すぐに近づいたではないですか。

斎藤　そうです。細川護熙《ほそかわもりひろ》さんの……。

瀬戸内寂聴守護霊　だから、細川元首相のあの澄《す》み切った目。やっぱり、山で生活して、何て言うの？　焼き物をやった、悟《さと》りすました仙人《せんにん》のような生活をした人じゃなきゃ、ああいう顔にならないのよねえ。あれ、私は経験があるからよく分かるのよ。

里村　いやいや。とんでもないです。私も、渋谷《しぶや》で細川元首相の街頭演説を見ましたけども、目がよどんでいました。

斎藤　（笑）

里村　現実に対して、もう目が開《あ》いていませんでしたよ。

瀬戸内寂聴守護霊　それは、雪が降ってて、ちょっとあれだったんじゃないの？　寒かったんじゃないの？

斎藤 「寒かったんじゃないの」って、本当にいろいろなものの見方がありますね……。

瀬戸内寂聴守護霊 うーん。

里村 やはり、対抗《たいこう》意識とか、そういう部分で、あなたはいろいろとものを申されますね。

瀬戸内寂聴守護霊 いや、あの百田《ひゃくた》(尚樹《なおき》)なんていうのは、ついこの前、出てきたような作家のくせに、ちょっと生意気よ。

里村 ただ、百田氏には、構成作家としての長年の積み重ねがありますからね。

瀬戸内寂聴守護霊 まあ、それはあるんかもしらんけど、無名よ。私なんかから見りや、ほぼね。無名の作家よ、あれ。

里村　ええ。ただ、やはり、その嫉妬でたまらないということですね?

瀬戸内寂聴守護霊　大川隆法なんていうのはこんなもん、作家の才能がないから、霊《れい》言《げん》みたいなインチキをいっぱいつくって、こういう〝インチキ作家〟、要するに、ほかの人が拓《ひら》いてないところ、隙間《すきま》をうまいこと探して、それで今、〝ニッチ作家〟として広げてるんだよ。

「霊言《れいげん》はインチキ」と霊言する寂聴守護霊の自己矛盾《むじゅん》

里村　ちょっと待ってください。これはインチキですか。

瀬戸内寂聴守護霊　インチキですよ。

里村　え？　あなたがインチキですか。

瀬戸内寂聴守護霊　私が言ってるのはインチキに決まってるから。

斎藤　いや、（守護霊の）あなたが大川総裁の肉体に今、降《お》りているじゃないですか。

瀬戸内寂聴守護霊　え？　私が？

里村　あなたが降りているでしょう？

斎藤　ええ。

瀬戸内寂聴守護霊　え、私が言ってるのは……、あれあれ、あれ、私は……。

斎藤　あなたは、（霊言《れいげん》が）インチキだったら困るのではないですか。

里村　そして、言いたくても言えない、本当の「本音の部分」を、今、語られています。

瀬戸内寂聴守護霊　あれ？　いや、瀬戸内寂聴は、（霊言が）インチキだと思ってますよ。うん、うん。

里村　だから、寂聴さんは、その「霊的世界」がお分かりにならないわけですが、守護霊であるあなたは「霊的世界」が分かるから、霊言がインチキではないと分かりますよね？

瀬戸内寂聴守護霊　うーん。まあ、論点がちょっと難しいところへ入ってきたなあ。

斎藤　ほら。自分で「迷い」が出てきているじゃないですか。

瀬戸内寂聴守護霊　うーん。

斎藤　「迷い」ですよ。「迷い」ばかりで、あの世について全然悟っていないじゃないですか。

瀬戸内寂聴守護霊　ちょっと今、釈尊《しゃくそん》のような混乱が起きてる……。

斎藤　ほら、混乱しているじゃないですか。混乱していますよ。

瀬戸内寂聴守護霊　まあ、これはねえ、今、〝魔境《まきょう》〟に接してるんだと思う。

里村　〝魔境〟にいらっしゃいますか。

瀬戸内寂聴守護霊　うーん。〝魔境〟……。いや、あなたがたが〝魔境〟なのよ。

里村　逆なんです。

瀬戸内寂聴守護霊　だから、あなたがたが、釈尊を誘惑《ゆうわく》した悪魔たちなんですよ。今、私をねえ、転向させようとして誘惑をかけてる……。

斎藤　いや、転向させようとはしていませんけどね。

里村　残念ながら、悪魔から見ると、天使が悪魔に見えるんですよ。

瀬戸内寂聴守護霊　（里村を指差し）いや、自分のことをうぬぼれちゃいけないよ。あなたなんか、天使の顔をしてないよ。

里村　いや、私は自分のことを言っていません。この二人（斎藤と天雲）のことを言っているんです。

斎藤　（苦笑）そういう肉体的なことを言うのではなくて……。

里村　私は違うと、もう自覚しています。

瀬戸内寂聴守護霊　あんたは、もうね、蓑笠《みのかさ》をかけたタヌキ、タヌキ。

斎藤　いやいや、だから、個人の論議に入るのではなくて……。

瀬戸内寂聴守護霊　徳島のタヌキの像がいっぱいあるけど、あれにそっくりや。

里村　〝形態的〟な話は置いておきましょう。最澄《さいちょう》とは〝天上界《てんじょうかい》〟で男女の仲になっている？

斎藤　話が曲がってしまいましたが、最澄《さいちょう》との関係を訊《き》いているんですよ。

瀬戸内寂聴守護霊　「最澄と一緒」って、うれしいわあ。日本の教科書では、最澄はまだ、空海《くうかい》と並んで仏教の双壁《そうへき》でしょう。

里村　ええ。

天雲　その最澄に帰依《きえ》されているんですか。

瀬戸内寂聴守護霊　そりゃあ、もう、いい人ですよ。

天雲　釈尊ではなくて。

瀬戸内寂聴守護霊　いや、彼なくして日本天台宗はないんですから。日本天台宗なくして、日本の仏教はないんですから、あとの全部。

天雲　では、尊敬する方は、釈尊ではなくて最澄？

瀬戸内寂聴守護霊　うーん。まあ、尊敬するっていうか、私たちは男女の仲だから、それを尊敬……。

里村　男女の仲ですか。

斎藤　最澄と男女の仲になっている？

瀬戸内寂聴守護霊　そらそうよ。

斎藤　衝撃《しょうげき》発言でした。ちょっと待ってください。本当にちょっと……。

瀬戸内寂聴守護霊　夫婦《ふうふ》みたいなもん……。

斎藤　（苦笑）どういうことですか。だって、最澄はあなたにとって師匠《ししょう》じゃないですか。なんで天台宗の開祖と男女の仲になるんですか。

瀬戸内寂聴守護霊　そこまで落ちぶれちゃいけないよ。だから、「愛し合う仲」なのよ。（両手の拳《こぶし》をくっつけるしぐさをしながら）仏と仏がカチンコカチンコ言わな……。

斎藤　ああ。〝ギャラリー〟から、「（過去世で）最澄と時代が一緒なんじゃないか」

という声がきましたけれども。

里村　ええ。今、私もそう思いましたね。最澄と同じ時代に……。

斎藤　一緒にいたんじゃないですか。

里村　最澄と同じ時代だと、九世紀ですか。

瀬戸内寂聴守護霊　まあ、そんなねえ、細かいことはどうでもいいのよ。

里村　細かくありませんよ？

瀬戸内寂聴守護霊　今、私は、霊として天上界《てんじょうかい》にいるわけだから、天上界で、何ちゅうか、もう愛し合ってるんだから。

里村　天上界ではないでしょう？

斎藤　天上界とおっしゃいますが、最澄がいるのはどこですか。彼は地獄《じごく》の最深部にいるんですよ（『黄金の法』〔幸福の科学出版刊〕、前掲《ぜんけい》『不成仏の原理』参照）。

瀬戸内寂聴守護霊　何よ。あのねえ、あの世で最澄なんちゅうのは仏様ですから。仏様には、そらあ、仏様に釣《つ》り合うだけの〝天女《てんにょ》〟が必要なわけです。

斎藤　あ、ご自身は〝天女〟ですか。

瀬戸内寂聴守護霊　だから、そういう意味で、愛し合って、「夫婦みたい」なもんなんです。

10　瀬戸内寂聴氏のあいまいな「過去世《かこぜ》」

過去世《かこぜ》の話題になると「よく分からない」を繰《く》り返す

里村　残念ながら、その最澄様《さいちょう》は、いろいろな霊人《れいじん》からの証言もあって、だいたい地獄《じごく》の最深部にいるというのが分かっているんですよ。

瀬戸内寂聴守護霊　最深部ってことはないでしょう。比叡山《ひえいざん》は高いから、最深部でも、普通《ふつう》の平地《ひらち》なのよ。

里村　山の頂《いただき》ではなくて、谷のいちばん深い谷間にいらっしゃるんですよ。

瀬戸内寂聴守護霊　うーん。清らかな水が流れてるの……。

里村　最澄と〝夫婦《ふうふ》関係〟にあるということは、もしかして、最澄が地上にいたときにも関係があった方ですか。

瀬戸内寂聴守護霊　うーん。よく分からないこと……。何だかなあ。

天雲　中国とかはどうですか。

里村　いや、急に「分からない」などと言って、今、逃《に》げてらっしゃいますね。

瀬戸内寂聴守護霊　いや、私は瀬戸内寂聴なのか、寂聴じゃないのか、何だかよく……。

里村　寂聴さんではないです。

瀬戸内寂聴守護霊　私、〝二重人格〟になってきて、今、ちょっと、よく分からなくなってきた……。

里村　いえいえ。「地上にいる寂聴さん」とはまた別に、あなたの「霊人《れいじん》としての個性」があります。

斎藤　別の個性があるわけです。

瀬戸内寂聴守護霊　うーん。

外見《がいけん》は「チマチョゴリのような服を着ている」

斎藤　今、どんな服を着ていますか。何の服を着ています？　服を見てくださいよ。今、ご自分を見て、どんなイメージですか。

瀬戸内寂聴守護霊　何となくねえ……。

斎藤　何となく、どんな姿？

瀬戸内寂聴守護霊　何となく、スカートが上のほうにある……。

斎藤　スカートが上のほうまできてる！

瀬戸内寂聴守護霊　（胸の下あたりを押《お》さえて）このへんまで、なんか、これって……。

斎藤　あら！　あららら。すごく特徴《とくちょう》的な服装じゃありませんか。

瀬戸内寂聴守護霊　なんか、チマチョゴリみたいな感じがするわ。

天雲　チマチョゴリ。

瀬戸内寂聴守護霊　なんか、おかしいわね。これ。

斎藤　チマチョゴリ？　え？

瀬戸内寂聴守護霊　天女《てんにょ》の姿なのかなあ、これの後ろに（羽衣《はごろも》が）ついていれば天女だよね？

斎藤　ええ。

里村　でも、後ろにそれ（羽衣）はついていません

チマチョゴリ　朝鮮の民族衣装で、上衣（チョゴリ）に巻きスカート（チマ）をあわせた、女性の服装。

よね。

斎藤　白っぽい服ですか。

瀬戸内寂聴守護霊　だから、見えないわよ。見えないから分かんないけども。

天雲　中国風ですか。それとも朝鮮《ちょうせん》風？

瀬戸内寂聴守護霊　朝鮮風かなあ。

斎藤　お、朝鮮風の服ですか。

瀬戸内寂聴守護霊　うーん。そう見えるなあ。

斎藤　ほう。

瀬戸内寂聴守護霊　いや、もしかして、朝鮮では、仏教を広めた人かなあ。

里村　朝鮮ですか。

瀬戸内寂聴守護霊　うーん。かもしれない。もしかしたら、日本に仏教渡来《とらい》するために尽《つ》くした人なのかもしれないね。

斎藤　では、やはり、女性ということですよね。

瀬戸内寂聴守護霊　女性は女性でしょうね。スカートだし。

過去世《かこぜ》で中国渡来《とらい》した最澄《さいちょう》と会っているのか

里村　いや、中国じゃないんですか。

瀬戸内寂聴守護霊　中国。うーん。

里村　あなたは、最澄《さいちょう》が中国に来たときに、唐《とう》で会っていませんか。

瀬戸内寂聴守護霊　ああ、最澄が中国に来たときに……。

斎藤　最澄は、天台山《てんだいさん》に行きましたよ。

瀬戸内寂聴守護霊　うーん。

里村　最澄は、中国で修行《しゅぎょう》に失敗したんですよ。もしかして、あなたがその原因をつくっていませんか。

斎藤　最澄を惑《まど》わせてしまったりしましたか。

瀬戸内寂聴守護霊　最澄は、中国に……。うーん。

斎藤　それは大陸の服ですかね。

瀬戸内寂聴守護霊　うーん。何だか、ちょっとそのへんになると、ボーッとしてよく分からない……。

「反権力思想」と「親中思想」を持つ傾向《けいこう》にある魂《たましい》

斎藤　何か、「文学を書いた」といったことはありますか。

瀬戸内寂聴守護霊　ああ……。

里村　唐《とう》の時代ですよね。

瀬戸内寂聴守護霊　まあ、でも、これだけ才能があるわけだからねえ。ただ者でないことは間違《まちが》いないですよ。

斎藤　それは分かります。

里村　ただ者でないのは分かります。

瀬戸内寂聴守護霊　ただ者ではないと思う。私はそのへんの人とは違うと思うなあ。

斎藤　でも、「国家」というものを非常に憎《にく》んでいますね。

瀬戸内寂聴守護霊　うーん。

斎藤　民衆側について、民主主義の名を借りて、そして、体制を覆《くつがえ》したい……。

瀬戸内寂聴守護霊　やっぱりねえ、宗教は「反権力」だよね。基本はね。

斎藤　ええ。「反権力」の思想をお持ちですね。

里村　権力であろうがなかろうが、正しい方向に導くのが宗教の役割ですから。反権力かどうかは必ずしも関係ありません。

瀬戸内寂聴守護霊　ああ……。

里村　話を元に戻《もど》しますが、先ほど、中国を「巨大《きょだい》な理想国家」などと言ったりしていたので、やはり、中国、あるいは、中国にたいへんな憧《あこが》れを持っていた朝鮮に生まれていたという可能性がありますね。

瀬戸内寂聴守護霊　ああ、そうか、そうか。だから、中国や韓国《かんこく》が、日本に対して、「おまえらの文化は、私らがくれてやったんだ」と言うことは正しいと言ってる。認めてるんじゃないの、歴史的に正しいのを。

斎藤　なるほど。

「私に高い評価をくれる日本なら好き」

斎藤　では、一つだけ訊《き》いてもよろしいですか。

瀬戸内寂聴守護霊　はい。

斎藤　「歴史認識」については、どう思っています？　やはり、日本は悪いことをしたんですか。

瀬戸内寂聴守護霊　そりゃあ、当然でしょ？

斎藤　韓国側が言うように……。

瀬戸内寂聴守護霊　戦争が起きたのは、私が生きてる間なんですから。

斎藤　ええ。そうすると、韓国の言っていることは正しいと思っている？

瀬戸内寂聴守護霊　え？　何が違ってるのよ。そのとおりじゃない。

斎藤　なるほど。では、「日本が聖戦《せいせん》をした」とか、そういう感じの感覚は……。要するに、アジアを守るとか……。

瀬戸内寂聴守護霊　「聖戦」っていうのは、軍部のプロパガンダっていうやつで、それが正しいなら、ヒットラーが言ってたことも正しいんだよ。ユダヤ民族をやっつけて、民族浄化《じょうか》するんでしょう？　あれも正しいっていうことになるでしょ。

斎藤　日本は好きですか、嫌《きら》いですか。

瀬戸内寂聴守護霊　ええ？　「私をほめ称《たた》える人」がいる日本は好き。「私を嫌う日本人」がいる日本は嫌い。

斎藤　では、全体としては？

瀬戸内寂聴守護霊　だいたい、私を嫌う人はほとんどいないね。大川隆法とその一派だけしかいないよ。

里村　ということは、やはり、あなたは、根本的に、日本という国があまりお好きではないのですか。

瀬戸内寂聴守護霊　いや、そんなことはない。私の評価が高いときは好きよ。

里村　つまり、自分を評価してくれると好きになるということですね。

瀬戸内寂聴守護霊　いや、もうすでに評価はだいぶあるから、まあ、いいけど、この前、細川《ほそかわ》（護熙《もりひろ》）さんが（都知事選で）負けたのは悔《くや》しいわね。あれ見て、ちょっと東京が嫌いになったわねえ。

里村　東京が嫌いになって……。

瀬戸内寂聴守護霊　うーん。ちょっと東京は嫌い。

里村　今日、ここに来られている守護霊である、あなた自身のことをお伺《うかが》いします。

霊界《れいかい》で東大名誉《めいよ》教授・中村元《なかむらはじめ》氏からお墨付《すみつ》きをもらっている？

瀬戸内寂聴守護霊　ああ、私。

里村　あなたのプロフィール……。

瀬戸内寂聴守護霊　あなたね、「仏の正体を暴《あば》く」っていうのは、凡人《ぼんじん》にできることじゃないのよ。

斎藤　あなたは仏なんですか。

瀬戸内寂聴守護霊　そら、そうでしょう。

斎藤　仏？

瀬戸内寂聴守護霊　当ったり前じゃないですか。

里村　どういう名前の仏ですか。

斎藤　何仏《なにぼとけ》ですか。

瀬戸内寂聴守護霊　これだけ仏教思想を広めてるんですから、そらあ、そうでしょう。

仏でしょう。

里村　ただ、その仏教思想が問題なんですよ。あなたの言う仏教思想は、「そのままでいいですよ。悟《さと》っているんですから。煩悩《ぼんのう》のままでいいんです」というものなんです。

瀬戸内寂聴守護霊　そうです。

斎藤　それは、「現状肯定《こうてい》」というものですよ。

瀬戸内寂聴守護霊　これは、私のオリジナルじゃなくて、ちゃーんと伝統的な仏教に則《のっと》って言ってる……。

里村　いや、まさに、それを、最澄が日本に持ってきたんですよ。

瀬戸内寂聴守護霊　そうよ。そう、そう。（仏教学者の）中村元《なかむらはじめ》先生ともお会いしましたけども、「あなたの教えは正しい」って言ってるわけですよ。

斎藤　え!?　中村元先生が「あなたの教えは正しい」と、太鼓判《たいこばん》を押したんですか。

瀬戸内寂聴守護霊　うん、言ってます。そうそう。そのとおりです。

里村　ちょっと待ってください。霊界《れいかい》で？

中村元（1912 ～ 1999）
東京大学名誉教授。
東京帝国大学文学部
印度哲学梵文学科卒。文学博士。インド哲学、仏教学、比較思想学の世界的権威として、『佛教語大辞典』の編纂をはじめ、多数の著作や論文を発表。東洋思想研究の進展および後進の研究者育成を期して財団法人東方研究会、東方学院を創立した。
2013 年 10 月、中村元の霊言を収録。
（『仏教学から観た「幸福の科学」分析』〔幸福の科学出版〕参照）

瀬戸内寂聴守護霊　そう、そう、そう、そう。「仏教は民主主義なんだ」と、ちゃんと言ってる。

斎藤　な！　え？

瀬戸内寂聴守護霊　「釈迦《しゃか》を超人《ちょうじん》的な扱《あつか》いをするのは、もう、ヒットラーなんかの再来を招くから、大川隆法は危険だ」って、やっぱり、言ってましたよ。

斎藤　では、中村元先生とか最澄とか……。

瀬戸内寂聴守護霊　「考え」は一緒《いっしょ》。だから、世界的な学者と対等に話して、意見が〝がっちんこ〟と一体化（手でくっつけるしぐさ）するんですから、もう、ノーベル平和賞は早くこないとおかしいんですよ。

里村　あのー……。

瀬戸内寂聴守護霊　大江健三郎《おおえけんざぶろう》より、私のほうが売れてる可能性はある。

里村　いいですか。「民主主義」という言葉を持ち出すところが危険なんです。政治における民主主義の原理はよいのですが、宗教に民主主義の原理を持ってくると、結果的には、「悟っていない人たちこそ正しい」というような方向に引っ張られるんですよ。

瀬戸内寂聴守護霊　そんなことないよ。それを言ったら、鎌倉《かまくら》仏教は全滅《ぜんめつ》じゃないの。あれは、「仏教の民主主義化」なの。

里村　鎌倉仏教のなかにもまた、信仰《しんこう》を通じた「多くの救い」というものがあったんです。

瀬戸内寂聴守護霊　いや、それはねえ、単なる方便よ。「死んだ人を弔《とむら》う」と称《しょう》して、生きてる人を慰《なぐさ》めるのが仕事だったのよ。

里村　だから、あなたは、どうしてそこまでして否定したいのですか。

瀬戸内寂聴守護霊　何？

里村　つまり、そこまで、仏教の長年、その……。

瀬戸内寂聴守護霊　いや、仏教を否定してないよ。仏教を肯定してるんだよ。

里村　いや、いやいや。

瀬戸内寂聴守護霊　だから、中村元先生がお墨付《すみつ》きを与《あた》えてくれるぐらいだから、私の仏教思想は正しいのよ。

過去世《かこぜ》は「有名人願望の強い無名の人」

斎藤　中村先生や最澄など、それほどすごい方々と親しいということは、あなた様が、とてもすごくて、歴史に名を遺《のこ》した〝大物〟であるということは分かりました。

瀬戸内寂聴守護霊　大物です。

斎藤　ちょっと、ここで、そのビッグネームの片鱗《へんりん》でもいいですから、少しだけでも教えていただけると、われわれの研究も進みます。

〔注。このあと、瀬戸内寂聴守護霊がさまざまな「過去世《かこぜ》」を語るが、延々と虚言《きょげん》が続くため、一部割愛《かつあい》する〕

瀬戸内寂聴守護霊　だからね、女性が活躍《かつやく》してる時代は本当に短いのよ。ごく最近、活躍してるのであって、私は、現代の女性が活躍してる、その草分《くさわ》けに近い存在なの。九十年以上も活躍を続けてるなんて、もう本当、〝日本のマザー・テレサ〟なのよ、はっきり言えば。

里村　ということは、要するに、名前は遺《のこ》っていない方だという……。

瀬戸内寂聴守護霊　日本のマザー・テレサ。

里村　いや、あなたは名前が遺っていない方ということですね。

瀬戸内寂聴守護霊　お釈迦様がいちばん愛した人なのよ。

里村　いや、あなたは、名前が遺っていない方ということですね。

瀬戸内寂聴守護霊　うん、まあ……。

斎藤　ええ。そういうことですね。分かりました。

里村　要するに、僧侶《そうりょ》をたぶらかし……。

瀬戸内寂聴守護霊　まあ、有名人願望はあるけども。

斎藤　「有名人願望が非常に強い」ということですね。分かりました。

瀬戸内寂聴守護霊　まあ、（いろいろな人の名前を）出しても出しても（そちらが）「ない」と言うんで、「分からない」ということでよろしいです。

斎藤　はい。有名人願望が強い方で、「紫式部《むらさきしきぶ》に嫉妬《しっと》した」とか、分かりませんけれども、そのような願望があったわけですね。

瀬戸内寂聴守護霊　まあ、願望的には、「最澄ぐらいの生まれ変わりでありたかった」という……。

斎藤　そのように思う方ですね。

瀬戸内寂聴守護霊　うん、はい。

瀬戸内寂聴氏と大川隆法が訴《うった》える「自由」の違《ちが》い

斎藤　先ほど、「自由」について話題が出ましたが、一言《ひとこと》だけ言っておきたいと思います。

大川隆法総裁が、『政治哲学《てつがく》の原点』（幸福の科学出版刊）というご著書のなかで、「自由の創設《そうせつ》」ということを訴《うった》えられていまして、「それは、ヒットラーに対抗《たいこう》する、全体主義を打ち倒《たお》す考えなのだ」というようなことを述べておられます。

瀬戸内寂聴守護霊　あ、それは、私とまったくそっくりだわ。

斎藤　何を言っているんですか（苦笑）。

瀬戸内寂聴守護霊　私が言ってること、そのとおりじゃないの。

斎藤　大川隆法総裁は、そのようにおっしゃっていましたので、あなたの考える「自

『政治哲学の原点』
（幸福の科学出版）

由」とは、まったく違《ちが》うということです。

瀬戸内寂聴守護霊　「自由の創設」を、私も言ってるのよ。

斎藤　いや、はっきり言って、あなたの「自由」は「自我《じが》我欲《がよく》の自由」「堕落《だらく》の自由」であって、それはもう、「崩壊《ほうかい》の自由」ですよ。それはよくないと思います。

あなたは、今日、幸福の科学と縁《えん》を持ちましたし、徳島の生まれということで、大川隆法総裁の同郷《どうきょう》でもあられるので、何か縁があろうかと思います。

ですから、「今日、総合本部に出てこられたことを縁にして、また少し、お考えを深められたらいかがでしょうか」ということは、一言申し上げておきたいと思います。

11　日本天台宗《てんだいしゅう》から「頼《たの》まれていること」とは

「煩悩即菩提《ぼんのうそくぼだい》」「仏即凡人《ぼんじん》」「凡人即仏」を強く主張する

斎藤　でも、今日は本当に、あなたの思想の内容が非常に明らかになり、鮮明《せんめい》に見えてきました。

瀬戸内寂聴守護霊　もう、天台宗《てんだいしゅう》のねえ、広告塔《とう》だから。

里村　そして、「瀬戸内文学」の真髄《しんずい》といいますか、結局、それが、「人間を凡夫《ぼんぷ》のままでいさせるものである」ということが、よく分かりました。

瀬戸内寂聴守護霊　いやあ、「煩悩《ぼんのう》文学」であるし、それは同時に、「菩提《ぼだい》文学」であり、「煩悩即《そく》菩提」！　「仏即凡人」！　「凡人即仏」！　うーん！　これこそ悟《さと》り……。

里村　では、最後に、今、天台宗《てんだいしゅう》から何を頼《たの》まれているんですか。

「戦争をしたがる仏陀《ぶっだ》教団」と決めつけ、〝殺菌《さっきん》〟を依頼《いらい》される

斎藤　看板・広告塔の使命として。

瀬戸内寂聴守護霊　それが、「大川隆法を何とかしてくれ」っていう……。

斎藤　さっき、全然聞こえないというようなことを言っていたじゃないですか（笑）。

里村　やっぱり、そう言われているんでしょう？

瀬戸内寂聴守護霊　それはそうだよぉ（笑）。これはうっとうしいわよ。

里村　何とかしろと？

瀬戸内寂聴守護霊　徳島県人として、これは、もう、何とかして〝潰《つぶ》さないといかん〟でねえ。

斎藤　ああ、押《お》さえ込《こ》めと？　潰せと？

瀬戸内寂聴守護霊　ええ。何とか……。

里村　実際には、どのようにされるんですか。実際、どういうことを考えていらっしゃる？

瀬戸内寂聴守護霊　ああ……、だから、まあ、私に対して、「自己顕示《けんじ》欲がある」なんて言うような失礼な人はねえ、日本広しといえども、ほとんどいないわ。

里村　いや、違《ちが》うんです。それは今日、あなたの言動を通じて明らかになったので……。

瀬戸内寂聴守護霊　私はねえ、あなたがたの言ってる、その「セルフ・ヘルプの精神」そのものなのよ！　自己実現してんのよ、自分で努力して。小説を書くのだって、ものすごい時間がかかるんだからね。

里村　すみません、話を戻《もど》しますと、天台宗のほうからそれを言われて、一生懸命《いっしょうけんめい》、あなた自身の自己実現を通じて……。

瀬戸内寂聴守護霊　いや、天台宗は不動よ。もう、全然問題ないんだけども。

里村　でも、「幸福の科学を何とかしろ」と言われているんですよね。

瀬戸内寂聴守護霊　幸福の科学の〝変な教え〟が入ってきて、ちょっと下のほうがこう、何て言うの、あんたがたが提婆達多《だいばだった》みたいな働きをして、天台宗の裾野《すその》を崩《くず》そうとしてるから、「ちょっと、あれを何とか〝殺菌《さっきん》〟してくれ」と言われてるだけ……。

斎藤　〝殺菌〟ですか。

瀬戸内寂聴守護霊　〝殺菌〟。

斎藤　「幸福の科学が〝提婆達多〟であり、〝殺菌〟しろ」と？

瀬戸内寂聴守護霊　うん。だって、仏陀《ぶつだ》が「戦争」したがってるなんて、やっぱり、おっかしいわ！　悪魔《あくま》よ、どう見ても。

里村　平和を守ろうとしているんです。

瀬戸内寂聴守護霊　ええ？　悪魔よ、悪魔！　悪魔なのよ。

里村　「平和」と「命」を守ろうとしているということが……。

「日本は中国の属国だから滅《ほろ》べばいい」

瀬戸内寂聴守護霊　だから、釈迦《しゃか》国だって滅《ほろ》びたんだから、日本だって滅びたらいいのよ！（机を叩《たた》く）

斎藤　ちょっと待ってください！　最後にきて、「日本だって滅びたらいい」と言いませんでしたか。

瀬戸内寂聴守護霊　うん、それが仏教なんだから（机を叩く）、しゃあないじゃない！

斎藤　「日本が滅べばいい。それが仏教」と、なんでそうなるんですか。

瀬戸内寂聴守護霊　滅んでいいのよ。

斎藤　それは、仏教なんですか。

瀬戸内寂聴守護霊　お釈迦様そのものじゃん。日本が滅びるのを「教え」で説いたら、それは仏教なのよ（机を連打する）。

里村　天台宗が望んでいるのは、日本が滅びることですか。

瀬戸内寂聴守護霊　滅んだらいいじゃない。（日本は）中国のもんなのよ。

斎藤　ちょっと待ってください。それで本当に〝広告塔〟なんですか。

瀬戸内寂聴守護霊　天台宗が日本に入ってきた以上、それは中国のもの、「属国」なのよ、日本も。とっくになってるのよ。

斎藤　なるほど。「中国の属国になることが仏教の教えだった」と？

瀬戸内寂聴守護霊　ええ、そう。平安時代から「中国の属国」よ。

里村　そして、日本が滅びたほうが、日本人もみんな幸せになれる？

瀬戸内寂聴守護霊　ああ、それはそうよ。

「ミシェル・オバマを指導しようかと考えている」

瀬戸内寂聴守護霊　私はもう、世界中の〝平和勢力〟と提携《ていけい》してるから。

里村　「世界中の〝平和勢力〟」とは、つまり、「日本を潰そうとする勢力と提携している」ということですか。

瀬戸内寂聴守護霊　「潰そう」っていうか、日本を平和にしようとする勢力とはね。

里村　日本人を精神的にも〝骨抜《ほねぬ》き〟にし、そして、社会、政治的にも駄目《だめ》にしようと？

瀬戸内寂聴守護霊　ああ。だから、ミシェル・オバマ（大統領夫人）なんかも指導してやろうかと思ってるぐらいなの。

斎藤　誰《だれ》ですか。「ミシェル・オバマを指導しよう」？

瀬戸内寂聴守護霊　うーん。

斎藤　守護霊様がそう考えておられるんですか。

瀬戸内寂聴守護霊　〝平和勢力〟に取り込もうかと思ってるのよ。

斎藤　はい。すみませんが、だいぶ時間がたってしまいました。

大川隆法　それでは、終わりにします（手を三回叩く）。

斎藤　ありがとうございました。

12　瀬戸内寂聴氏守護霊の霊言《れいげん》を終えて

「名のある人」とは認定しがたい結果になった今回の霊言《れいげん》

大川隆法　あれだけ話してもこの程度です。それを見れば、あまり名前のある過去世《かこぜ》はないですね。

里村　はい。

大川隆法　ないのではないでしょうか。今世《こんぜ》は、女性が活躍《かつやく》できる地盤《じばん》が出たから、出てきていますが、過去にそれほど名前があるとは思いません。

里村　はい。

大川隆法　有名な人の名前も少し出しましたが、そういう人を見ていて、嫉妬《しっと》していたあたりの存在かもしれませんね。はっきりは出ませんでしたし、そういう人なのではないかと思います。

里村　はい。

大川隆法　まあ、でも、それが普通《ふつう》でしょう。「ただただ上昇《じょうしょう》意欲が、九十一歳《さい》でも衰《おとろ》えていない」ということだけは確認できました。

それから、日本天台宗《てんだいしゅう》では、根本的な間違《まちが》いの部分、つまり、「天台智顗《ちぎ》の教え」と違っている部分を、いまだに認めないところがあります。

やはり、鎌倉《かまくら》仏教の祖師《そし》たちも、みな、「もともと人間が悟《さと》っているなら、なぜ修行《しゅぎょう》する必要があるのか」というのを疑問に思って、山を下りて行っていますからね。

　天台智顗自身は「一念三千《いちねんさんぜん》」、すなわち、「心の諸相で天国から地獄《じごく》まで通じる」ということを教えている人であるのに、修行もせずにそのままで悟れるなどと思っているはずがありません。したがって、これは、完全なる翻訳《ほんやく》の間違いか、何か思想の解釈《かいしゃく》の間違いが入っているわけです（注。「一念三千」とは、心の世界から観《み》た人間には三千もの種類があるという意味であり、「心

智顗（538 ～ 597）
中国天台宗の実質的な開祖。膨大な仏教思想の教相判釈を行い、説かれた時期や教えの高下浅深によって分類し、五時八教説を提唱。『法華経』を最重要の経典と定めた。また、天台宗の根本教理として、一念三千を唱えた。主著『摩訶止観』。

のあり方をどのように調整し、心の針をどの方向に向けるかによって、人間は違ってくる」ということである。『太陽の法』『復活の法』〔共に幸福の科学出版刊〕参照）。

まあ、空海《くうかい》さんにでも指導してもらったほうがよさそうですね。

今のところ、名のある人とはちょっと、認定しがたいでしょう。

里村　はい。ですから、なおさら、とにかく今世で名声を得ることに〝必死〟だということですね。

大川隆法　ええ。そんな感じですね。よく分かりませんが、最澄《さいちょう》の代弁者であることはあるようなので、つながりがある方だとは思います。

智顗が「一念三千」の思想に到達した経緯が詳述された『太陽の法』（幸福の科学出版）

斎藤　最澄と非常に深い関係、つながりがあるかのようには感じられました。

大川隆法　みな、似たようなところにいらっしゃるのかもしれませんね。

斎藤　はい。

大川隆法　（ため息）きっと、「日本天台宗霊界《れいかい》」がおありになるのでしょう。

最後は「この世的か、この世的でないか」で結果が出る

大川隆法　ただ、気の毒ですね。確かに、この世的には活躍もしていて、女性から見れば、尊敬している人も大勢いるでしょう。

里村　女性ファンは多いです。

大川隆法　ええ。そうですね。女性雑誌にもよく出る人ですから。

里村　はい。

大川隆法　長寿《ちょうじゅ》社会のなかで活躍している女性の姿も描きたかったのですが、活躍した結果が悪いなら、残念なことになります。ですから、最後は結局、「この世的か、この世的でないか」のところに行くというところでしょうか。

里村　はい。

大川隆法　あの世を認めたり、仏様がいるということを認めたりしてはいるけど、それを、人間の凡夫《ぼんぷ》の世界まで落としているというところに、やはり、何か間違いはあるのかもしれません。

里村　はい。

大川隆法　では、以上にしましょうか（手を二回叩《たた》く）。

里村・斎藤　ありがとうございました。

あとがき

〝僧侶〟という名の凡俗の闇に生きている者を見ることは悲しい。仏縁がありながら、多くの人々を迷いに導いている老婆《ろうば》の姿は痛々《いたいた》しい。

せめてもの生前供養《せいぜんくよう》として、瀬戸内寂聴氏が生きているうちに本書を出版し、「反省なるものを通して、人の魂は光るのだ。」ということを伝えたい。そして、世《よ》迷《ま》い言《ごと》で迷わせている人々に気づきのよすがを与えたい。

頭の髪をそったからといって人が悟れるわけではない。忘己利他《もうこりた》の気持ちで生きているつもりが、人々の喝采《かっさい》を求めていただけだったことに気づくには、まだ長い歳月がかかろう。

この愛欲の人に教える言葉は、「仏陀を信じなさい。」「仏陀が目指した苦悩からの解脱《げだつ》とは何かを考えなさい。」ということだ。あなたが今うけている尊敬が、やがて、あなたの苦しみへと変わるのだから。

二〇一四年　四月二十二日

幸福《こうふく》の科学《かがく》グループ創始者兼総裁《そうししゃけんそうさい》　大川隆法《おおかわりゅうほう》

『「煩悩の闇」か、それとも「長寿社会の理想」か　瀬戸内寂聴を霊査する』

大川隆法著作関連書籍

『太陽の法』（幸福の科学出版刊）
『黄金の法』（同右）
『復活の法』（同右）
『不成仏の原理』（同右）
『政治哲学の原点』（同右）
『酒井雄哉　日本天台宗大阿闍梨に引導を渡す』（同右）
『「文春」に未来はあるのか』（同右）
『クローズアップ国谷裕子キャスター』（同右）
『「忍耐の時代」の外交戦略　チャーチルの霊言』（同右）
『山崎豊子　死後第一声』（同右）

「煩悩《ぼんのう》の闇《やみ》」か、それとも「長寿社会《ちょうじゅしゃかい》の理想《りそう》」か
瀬戸内寂聴《せとうちじゃくちょう》を霊査《れいさ》する

2014年5月2日　初版第1刷

著　者　　大《おお》　川《かわ》　隆《りゅう》　法《ほう》

発行所　　幸福の科学出版株式会社

〒107-0052 東京都港区赤坂2丁目10番14号
TEL(03)5573-7700
http://www.irhpress.co.jp/

印刷・製本　株式会社 堀内印刷所

落丁・乱丁本はおとりかえいたします

ISBN978-4-86395-464-9 C0095
写真：読売新聞/アフロ／Hiroyuki Ozawa/アフロ／時事／Paul Canning

大川隆法 霊言シリーズ・最新刊

危機の時代の国際政治
藤原帰一東大教授守護霊インタビュー

「左翼的言論」は、学会やメディア向けのポーズなのか? 日本を代表する国際政治学者の、マスコミには語られることのない本音が明らかに!

1,400円

プーチン大統領の新・守護霊メッセージ

独裁者か? 新時代のリーダーか? ウクライナ問題の真相、アメリカの矛盾と限界、日ロ関係の未来など、プーチン大統領の驚くべき本心が語られる。

1,400円

オバマ大統領の新・守護霊メッセージ

英語霊言 日本語訳付き

日中韓問題、TPP交渉、ウクライナ問題、安倍首相への要望……。来日直前のオバマ大統領の本音に迫った、緊急守護霊インタビュー!

1,400円

※表示価格は本体価格(税別)です。

大川隆法ベストセラーズ・忍耐の時代を切り拓く

忍耐の法
「常識」を逆転させるために

人生のあらゆる苦難を乗り越え、夢や志を実現させる方法が、この一冊に──。混迷の現代を生きるすべての人に贈る待望の「法シリーズ」第20作!

2,000円

「正しき心の探究」の大切さ

靖国参拝批判、中・韓・米の歴史認識……。「真実の歴史観」と「神の正義」とは何かを示し、日本に立ちはだかる問題を解決する、2014年新春提言。

1,500円

忍耐の時代の経営戦略
企業の命運を握る３つの成長戦略

2014年以降のマクロ経済の動向を的確に予測! これから厳しい時代に突入する日本において、企業と個人がとるべき「サバイバル戦略」を示す。

10,000円

大川隆法ベストセラーズ・「幸福の科学大学」が目指すもの

新しき大学の理念

**「幸福の科学大学」がめざす
ニュー・フロンティア**

2015 年、開学予定の「幸福の科学大学」。日本の大学教育に新風を吹き込む「新時代の教育理念」とは? 創立者・大川隆法が、そのビジョンを語る。

1,400 円

「経営成功学」とは何か

百戦百勝の新しい経営学

経営者を育てない日本の経営学!? アメリカをダメにしたMBA──!? 幸福の科学大学の「経営成功学」に託された経営哲学のニュー・フロンティアとは。

1,500 円

「人間幸福学」とは何か

人類の幸福を探究する新学問

「人間の幸福」という観点から、あらゆる学問を再検証し、再構築する──。数千年の未来に向けて開かれていく学問の源流がここにある。

1,500 円

「未来産業学」とは何か

未来文明の源流を創造する

新しい産業への挑戦──「ありえない」を、「ありうる」に変える! 未来文明の源流となる分野を研究し、人類の進化とユートピア建設を目指す。

1,500 円

※表示価格は本体価格(税別)です。

大川隆法ベストセラーズ・「幸福の科学大学」が目指すもの

宗教学から観た「幸福の科学」学・入門

立宗 27 年目の未来型宗教を分析する

幸福の科学とは、どんな宗教なのか。教義や活動の特徴とは？ 他の宗教との違いとは？ 総裁自らが、宗教学の見地から「幸福の科学」を分析する。

1,500 円

仏教学から観た「幸福の科学」分析

東大名誉教授・中村元と仏教学者・渡辺照宏のパースペクティブ（視角）から

仏教は「無霊魂説」ではない！ 仏教学の権威 中村元氏の死後 14 年目の衝撃の真実と、渡辺照宏氏の天上界からのメッセージを収録。

1,500 円

比較宗教学から観た「幸福の科学」学・入門

性のタブーと結婚・出家制度

同性婚、代理出産、クローンなど、人類の新しい課題への答えとは？ 未来志向の「正しさ」を求めて、比較宗教学の視点から、仏陀の真意を検証する。

1,500 円

恋愛学・恋愛失敗学入門

恋愛と勉強は両立できる？ なぜダメンズと別れられないのか？ 理想の相手をつかまえるには？ 幸せな恋愛・結婚をするためのヒントがここに。

1,500 円

大川隆法霊言シリーズ・伝統仏教の誤りを正す

酒井雄哉 日本天台宗大阿闍梨に引導を渡す

仏教の中にある唯物論を正す

「救い」とは何か。「成仏」とは何か――。千日回峰を二度満行した日本天台宗の大阿闍梨、その成仏できぬ原因と問題点を、現代の仏陀が諭す！

1,400円

公開霊言 親鸞よ、「悪人こそ救われる」は本当か

尖閣でも竹島でも、なぜ日本人は正義を毅然と主張できないのか。日本人のメンタリティーの源流を親鸞の「悪人正機説」に探る。

1,400円

不成仏の原理

霊界の最澄に訊く

悟りとは何か。死後の魂の救済とは何か。東日本大震災で、この世の無常を思い知らされた日本人に、今、仏教の原点を説き明かす。日本天台宗開祖・最澄の霊言を同時収録。

1,800円

※表示価格は本体価格(税別)です。

大川隆法霊言シリーズ・現代作家の霊言

山崎豊子 死後第一声

社会悪の追究、運命に翻弄される人間、その先に待ち受けるものとは――。社会派小説の第一人者が、作品に込めた真意と、死後に赴く世界を語る。

1,400円

小説家・景山民夫が見たアナザーワールド

唯物論は絶対に捨てなさい

やっぱり、あの世はありました! 直木賞作家が語る「霊界見聞録」。本人が、衝撃の死の真相を明かし、あの世の様子や暮らしぶりを面白リポート。

1,400円

司馬遼太郎なら、この国の未来をどう見るか

現代日本に求められる人材とは。〝維新の志士〟は今、どう戦うべきか。国民的作家・司馬遼太郎が日本人へ檄を飛ばす!

1,300円

幸福の科学出版

大川隆法霊言シリーズ・反核平和運動を検証する

トルストイ
――人生に贈る言葉

トルストイに平和主義の真意を訊く。平和主義が、共産主義に取り込まれたロシア(旧ソ連)の悲劇から、日本の反原発運動の危険性が明らかに。

1,400円

核か、反核か
社会学者・清水幾太郎の霊言

左翼勢力の幻想に、日本国民はいつまで騙されるのか? 左翼から保守へと立場を変えた清水幾太郎が、反核運動の危険性を分析する。

1,400円

大江健三郎に
「脱原発」の核心を問う
守護霊インタビュー

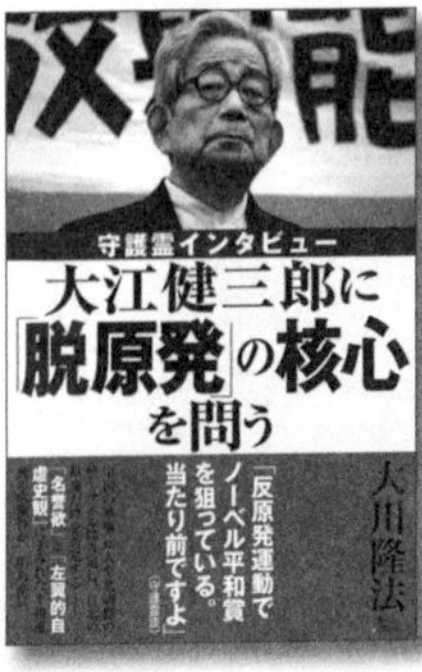

左翼思想と自虐史観に染まった自称「平和運動家」の矛盾が明らかに! 大江氏の反日主義の思想の実態が明らかになる。

1,400円

幸福の科学グループのご案内

宗教、教育、政治、出版などの活動を通じて、地球的ユートピアの実現を目指しています。

宗教法人　幸福の科学

一九八六年に立宗。一九九一年に宗教法人格を取得。信仰の対象は、地球系霊団の最高大霊、主エル・カンターレ。世界百カ国以上の国々に信者を持ち、全人類救済という尊い使命のもと、信者は、「愛」と「悟り」と「ユートピア建設」の教えの実践、伝道に励んでいます。

（二〇一四年四月現在）

愛

幸福の科学の「愛」とは、与える愛です。これは、仏教の慈悲《じひ》や布施《ふせ》の精神と同じことです。信者は、仏法真理をお伝えすることを通して、多くの方に幸福な人生を送っていただくための活動に励んでいます。

悟り

「悟り」とは、自らが仏の子であることを知るということです。教学《きょうがく》や精神統一によって心を磨き、智慧《ちえ》を得て悩みを解決すると共に、天使・菩薩《ぼさつ》の境地を目指し、より多くの人を救える力を身につけていきます。

ユートピア建設

私たち人間は、地上に理想世界を建設するという尊い使命を持って生まれてきています。社会の悪を押しとどめ、善を推し進めるために、信者はさまざまな活動に積極的に参加しています。

国内外の世界で貧困や災害、心の病で苦しんでいる人々に対しては、現地メンバーや支援団体と連携して、物心両面にわたり、あらゆる手段で手を差し伸べています。

年間約３万人の自殺者を減らすため、全国各地で街頭キャンペーンを展開しています。

公式サイト **www.withyou-hs.net**

ヘレン・ケラーを理想として活動する、ハンディキャップを持つ方とボランティアの会です。視聴覚障害者、肢体不自由な方々に仏法真理を学んでいただくための、さまざまなサポートをしています。

公式サイト **www.helen-hs.net**

INFORMATION

お近くの精舎・支部・拠点など、お問い合わせは、こちらまで！

幸福の科学サービスセンター

TEL. 03-5793-1727（受付時間 火～金：10～20時／土・日：10～18時）

宗教法人 幸福の科学 公式サイト happy-science.jp

教育

学校法人 幸福の科学学園

学校法人 幸福の科学学園は、幸福の科学の教育理念のもとにつくられた教育機関です。人間にとって最も大切な宗教教育の導入を通じて精神性を高めながら、ユートピア建設に貢献する人材輩出を目指しています。

幸福の科学学園

中学校・高等学校（那須本校）

2010年4月開校・栃木県那須郡（男女共学・全寮制）

TEL **0287-75-7777**

公式サイト **happy-science.ac.jp**

関西中学校・高等学校（関西校）

2013年4月開校・滋賀県大津市（男女共学・寮及び通学）

TEL **077-573-7774**

公式サイト **kansai.happy-science.ac.jp**

幸福の科学大学（仮称・設置認可申請中）

2015年開学予定

TEL **03-6277-7248**（幸福の科学 大学準備室）

公式サイト **university.happy-science.jp**

仏法真理塾「サクセスNo.1」 TEL **03-5750-0747**（東京本校）

小・中・高校生が、信仰教育を基礎にしながら、「勉強も『心の修行』」と考えて学んでいます。

不登校児支援スクール「ネバー・マインド」 TEL **03-5750-1741**

心の面からのアプローチを重視して、不登校の子供たちを支援しています。

また、障害児支援の「**ユー・アー・エンゼル!**」運動も行っています。

エンゼルプランV TEL **03-5750-0757**

幼少時からの心の教育を大切にして、信仰をベースにした幼児教育を行っています。

シニア・プラン21 TEL **03-6384-0778**

希望に満ちた生涯現役人生のために、年齢を問わず、多くの方が学んでいます。

NPO 活動支援

いじめから子供を守ろう! ネットワーク

学校からのいじめ追放を目指し、さまざまな社会提言をしています。また、各地でのシンポジウムや学校への啓発ポスター掲示等に取り組むNPO「いじめから子供を守ろう！ネットワーク」を支援しています。

公式サイト **mamoro.org**

ブログ **mamoro.blog86.fc2.com**

相談窓口 **TEL.03-5719-2170**

政治

幸福実現党

内《ない》憂《ゆう》外《がい》患《かん》の国難に立ち向かうべく、二〇〇九年五月に幸福実現党を立党しました。創立者である大川隆法党総裁の精神的指導のもと、宗教だけでは解決できない問題に取り組み、幸福を具体化するための力になっています。

党員の機関紙
「幸福実現NEWS」

TEL 03-6441-0754
公式サイト hr-party.jp

出版メディア事業

幸福の科学出版

大川隆法総裁の仏法真理の書を中心に、ビジネス、自己啓発、小説など、さまざまなジャンルの書籍・雑誌を出版しています。他にも、映画事業、文学・学術発展のための振興事業、テレビ・ラジオ番組の提供など、幸福の科学文化を広げる事業を行っています。

アー・ユー・ハッピー？
are-you-happy.com

ザ・リバティ
the-liberty.com

幸福の科学出版
TEL 03-5573-7700
公式サイト irhpress.co.jp

THE FACT

ザ・ファクト
マスコミが報道しない
「事実」を世界に伝える
ネット・オピニオン番組

Youtubeにて
随時好評配信中！

ザ・ファクト　検索